CLASSICAL MEDICAL ASTROLOGY
Healing With The Elements

古典醫學占星
元素的療癒

Oscar Hofman

奧斯卡・霍夫曼

著

李小祺

譯

——致華文讀者——

我很高興也很自豪地將《古典醫學占星學——元素的療癒》中文版呈現給你們，這本書最初是在二〇〇七年以我的母語荷蘭文出版，之後隨即翻譯成英文、德文、俄文跟法文，廣受各國讀者肯定與好評。這是自一六七七年之後，第一本以整合概念融合正統占星方法討論醫學的古典醫學占星著作，它不像草藥醫學或是順勢療法只參酌星盤的特定部分，書中判斷方法的核心，乃是源自於可受驗證的古典占星法則與長久流傳的實務經驗。

我有幸能為許多個案提供諮詢，他們因為這個古典方法得以了解並改善自己的身體狀況；現在，華文讀者也有機會援引這個方法。歐洲地區的人們都知道，醫學占星是古典占星這門人文學科其中一個科目，熟知中國傳統醫學的華文讀者，應該很容易地就注意到古典占星與中國傳統醫學兩者皆論及元素。在地球上，元素無所不在，元素以其特有形式分別出現在各個文化當中。

願這本書為你們開啟古典醫學占星領域的大門，也期待它可以為你和你的個案帶來健康的祝福。最後，我要感謝星空凝視古典占星學院促成這本書的出版。

奧斯卡霍夫曼　霍林赫姆，荷蘭　二〇一八年四月

奧斯卡・霍夫曼（Oscar Hofman）

擁有黏液質的易感、黃膽汁的易怒，並兼有強烈土星性格的奧斯卡・霍夫曼，出生在1962年2月的日蝕前，命盤中的多數行星位在水瓶座。學生時期主修化學及哲學，在開始全職的占星師生涯前，從事記者和譯者的工作。他在約翰・弗勞利的門下學習，成為一個全方位的占星師，擅長於古典占星學的所有分支：卜卦、擇時、醫學、本命和世運占星。奧斯卡・霍夫曼在世界各地授課，個案和學生也來自許多不同國家，從澳洲到俄國，從日本到美國。

身為占星學老師的奧斯卡・霍夫曼分別以荷蘭語、德語、英語和法語授課，開設卜卦與醫學、本命、擇時占星等課程。他與喬治・贊騰（George van Zanten）共同出版荷蘭古典占星雜誌《阿尼瑪占星》（*Anima Astrologiae*），同時也為世界各地的數本雜誌撰寫專欄。

奧斯卡・霍夫曼的聯絡方式：
oshofman@xs4all.nl 或 info@pegasus-advies.com
課程訊息或相關研討會請瀏覽網站：www.pegasus-advies.com

李小祺

　　作者在書中開宗明義提到，歐洲中世紀的醫者在接受醫學訓練的同時，也必須學習占星學。希波克拉底是西方醫學之父也是一名占星學者，他提出疾病的發生是因為體內四種體液失衡引起。在近代醫學理論發展之前，體液說一直在西方醫學占有主導地位。源起於古希臘的地水火風四元素，使占星學與體液說之間有了強力連結，古典醫學占星成為占星學重要科目之一。在欠缺醫學器材的古老年代，古典醫學占星於是成為醫者與病人可以倚賴的工具，藉此窺聽來自無垠宇宙的叮囑。

　　十七世紀科學革命促成現代醫學發展，時至今日，醫學與占星學早已分家。精確的顯微手術、透過基因檢測的個人化用藥等等，讓許許多多患者重拾健康。看著已經邁向高端科技的醫學，讓人不禁想問，古典醫學占星的存在價值是甚麼？

　　甚麼程度的病痛讓我們認為必須尋求專業醫學的介入？可能是發燒、感冒症狀、消化不良或是外傷。當這些

造成身體不適的問題消失時，可以認定身體暫時回復到健康狀態。但是不可否認，病人感到某個部位不對勁，有時候卻無法從身體檢查報告的數據判讀出原因。疾病與健康之間的差距要如何衡量？衡量的標準該如何界定？這中間出現的種種狀況，又該如何處置？

身在台灣，很幸運地可以自由選擇到西醫或中醫院所就診。以美國德州為例，西方醫學體系強勢獨大，病人通常要先經過西醫診治，之後才能到中醫診所接受針灸治療。即便每個月按時繳交高額的健康保險費用，病患每次看病仍需支出相當花費，昂貴的醫學費用對很多美國人民是沉重的負擔。美國醫學政策間接決定人民就醫的意願和選項，這是享有全民健保的我們難以想像的求醫困境。

從意識到身體開始產生不舒服的感覺、到非得要走入醫生診間接受治療的這段期間，作為身體的主宰者，可以為我們的身體做些甚麼？這個問題不僅是為了自身的身體健康而問，同時也可以是醫學資源有效運用的另一個思考面向。對於那些自行評估還不需就醫但身體已經出現不適症狀的人，自行服用成藥、節制不當飲食、好好睡一覺等，都可能讓身體狀況獲得改善。事實上，在這個階段，

也可以考慮透過古典醫學占星找到身體不適的原因，並且打造專屬的健康調整計畫，這樣一來，有限的醫療資源便可以保留給最需要的人使用。

人口老化為人類史上帶來前所未有的挑戰，現代醫學尚無完備的因應對策。十九世紀初期，人類平均壽命不超過40歲，在二〇一六年，台灣民眾的平均壽命為80歲。二〇一五年，中情局世界概況估計台灣總生育率為1.12，是全世界生育率第三低的區域。平均壽命延長加上總生育率低落，台灣人口結構惡化已是嚴酷的事實。

台灣老年人普遍領有慢性病連續處方箋，主要目的在使老年慢性病患者的病情得以控制。只是，血壓、血糖等數字落在正常範圍內，並不代表病患感受身體安然無恙。世界衛生組織表示：「健康是一種完全的身體、心理和社會的健康狀態，不只是沒有疾病或虛弱。」在「健康」的主觀感受因人而異的情況下，正統醫學能觸及的範疇也就有了極限。從不同視角切入的古典醫學占星，可以不浪費醫療資源同時以生命品質為考量前提，為不再身強體壯的老年人擬定個人化的照護方案，讓平均壽命不單只是數字增加的表象。

《世界人權宣言》第廿五條提到：「人人有權享受適合自己和家屬的健康和福利所需的生活標準，包括食物、衣著、住房、醫學和必要的社會服務……」可見健康人權（Health Human Rights）備受重視。本書作者在成為古典占星學者前從事新聞記者工作，因此相信他深知任何權利從來都不會平白無故地從天上掉下來。作者撰寫這本書的目的無意挑起爭端，甚至還可能遭受現代科學嘲弄。然而健康問題的探討模式，不該被蓄意設限；以高人一等的姿態看待夾雜宗教、儀式及巫術的古代醫學，並不能抹滅古老醫學曾經存在的價值。作者誠摯地希望讀者在面臨身體病痛時，除了接受正統醫學之外，還能有多重方法加以應對。如果我們願意為了身體健康研讀艱深的醫學學問，何不也用同樣平等開放的態度，解讀浩瀚星空帶給我們的訊息。

　　強調冬病夏治的三伏貼相傳起於清朝，是中國傳統醫學結合四季更迭的身體調理方法。操作方式是在一年當中最炎熱的三天，也是陽氣最旺盛的時節，將中藥敷貼在特定穴位，用以減緩好發於秋冬的呼吸系統疾病。這個例子說明，古代醫者縱然沒有先進的醫學器材作為輔助，但不

等於他們採用的醫學方法毫無根據。相反地，他們可能是一群通曉該如何與大自然和諧共處，進而借力使力的睿智賢者。

作者在書中詳細解說如何應用古典醫學占星的判斷方法，找出身體出現問題的原因。另外也提供許多增強身體健康的方法，包括香草茶飲、配戴水晶、調整作息、運動建議等等。其中還內含手術時間的選擇，原理是根據個案的特定狀況，找出一個與其相應的行星組合時間。為進行手術的時間擇時，在華人世界並不少見，病患及家屬在面對疾病時，不僅仰賴醫生精湛的醫術，也希冀安穩的內在寄託。多數醫生可以體諒病人心理層面的需求，在沒有危及健康的前提下，對於病人指定的手術時間，經常願意盡可能配合。不論是身體調養計畫或是治療相關事項的擇時，古典醫學占星背後的邏輯是天人合一，也是占星學者「如其在上，如其在下」的信仰價值。

在現今醫學科技一日千里的時空背景下，期待古典醫學占星在主流醫學體系無從深入的角落覓得妥適的位置，讓唐朝詩人白居易〈養老〉的「使生有所養，老有所終，死有所送也」不只是生命奢侈的華麗想望。

目錄

——推薦序——

約翰・弗勞利 (John Frawley)

2006年，我在南非開普敦大學醫學院舉辦的占星學會議擔任主講人，會議本身與開普敦大學並無相關，演講廳未曾在周末舉辦過活動。會議期間，羅德・施辛更（Rod Suskin）——在南非有舉足輕重地位的占星師——告訴我，他曾接受醫學院的邀請，講授醫學相關的占星方法。

羅德・施辛更當時對這個邀請感到雀躍不已。因為對象是醫學院學生，他以為這些學生對蓋倫醫學理論（Galenic medical theory）[註1] 有基本的認識，他可以迅速談到比較深入的主題。但他很快就發現不是如此，每當他提到體液和氣質時，看到的是困惑的無知眼神。羅德・施辛更問道：「你們學過蓋倫醫學理論嗎？」「那不是過時沒用的老東西嗎？」他的聽眾這樣回答。傳統與現代知識之間的巨大鴻溝讓人訝異，難道沒有人願意對科學歷史有粗淺的了解？現代科學似乎不需要歷史或哲學做為根基，就如同小丑雜耍的球不需要支撐就能停留在空中。也因為這個鴻溝，現代科學必須蔑視其他學問以取得信賴，將過去

的科學視為一派胡言，任何實踐它的人不是招搖撞騙、就是愚昧的追隨者。

占星學者伽利略（Galileo）與克卜勒（Kepler）以科學家的立場，對占星學可以預測死亡的說法強加抹黑。現代占星學者也採納他們的觀點，認為「人的壽命會隨著醫學進步延長，因而死亡的時間無法預測。」

這樣的想法的確讓人感到安慰，在生命的某個片刻，我們可以期待超脫命運的安排，在某個時間點，我們可以跟某個大明星結婚，也可以每星期都中樂透彩。然而，這同時說明在現代醫學出現以前，人類的壽命無法延長。即使是最基本的介入性醫學，例如出血性傷口的止血處理，也未能拯救任何性命。

現在科學只居高臨下地看待前人，將他們視為誇張的漫畫人物：航海家哥倫布的水手們在甲板上顫抖，等待從地平線盡頭墜落的那一刻；醫生用彎刀一次次幫病人放血，只希望在拿到診金以前，病人不會因失血過多致死。就如同相信地球是平的一樣，古代醫學也只是荒誕不經的神話。

舉例來說，古代沒有止痛劑的說法並非正確。馬可·奧里略（Marcus Aurelius）的醫生依據他每天會面的對象，

調整鴉片的服用劑量。今天會見的是雅典來的代表團？讓他痛苦一點。醉醺醺的條頓人？讓他更醉更放縱一點。

現代醫學不僅嘲弄古代的醫者，也會不經意地詆毀他們努力建立的信譽，無視他們對這門恢復健康的困難技術所付出的努力和傑出的表現。現代醫學還批評古代病人竟然相信江湖術士的用藥，可見我們的祖先是多麼愚蠢無知。被人們指控為蠢蛋或庸醫的摩西・邁蒙尼德（Moses Maimonides），在當時卻長期擔任埃及民族英雄薩拉丁（Saladin）的私人醫師，這點似乎被視為薩拉丁很容易被騙的證據。

每個時期都有無知無能的人，但是現代人描繪的傳統醫學形象，充斥著更多無知無能的人。我們也許會反過來想，在醫學醜聞每日見報的狀況下，現代醫藥未來又將以什麼樣的形象存在。我們對於傳統醫學形象的了解，主要是從十八世紀而來，那是歷史上最糟的疾病肆瘧時期：傳統智慧被擱置一邊，空白的醫學知識尚未被現代「魔彈」（magic bullet）填滿。不可否認，魔彈能帶來立即的療效，但是也很難否認在解決急性病痛之後，魔彈無法治癒疾病的根源，後續便以慢性病的方式呈現。

這樣的結果對製藥公司比一般民眾有利。

當然，我們要避免將過去營造成玫瑰般的神話：無所不治的傳統醫生總是讓人們笑臉盈盈、百病不生。獲得完備的治療方式，在當時並不容易。但也不該用這理由簡化事實，抹煞傳統醫學的優點：傳統醫學將病人視為完整的個體，而不是端看症狀，把疾病視為外力強勢入侵的產物。

保羅・史塔（Paul Starr）在獲得普立茲非小說獎的著作《美國醫藥的社會轉型》（*The Social Transformation of American Medicine*）[註2] 中描述，醫生為了確保並提高自己的社會地位和收入，故意且一致地將一般民眾能理解的醫藥知識，轉變成只有專業的醫者可以讀懂的神祕技術。例如，他提到楷索（D W Cathell）一再重印出版的暢銷醫學著作《醫者自身》（*The Physician Himself*），書中勸告醫生使用專業詞彙，將飯前給藥（縮寫為 ac）換成拉丁文，以苯酚（phenium）代替石炭酸（carbolic acid）、以學術名詞的黑麥屬（secale cornutum）代替一般用詞的黑麥（ergot）、以拉丁文稱呼鉀和鈉、以化學名金雞納鹼（chinin）代替奎寧（quinine）等等，這樣一來，一般病人無法讀懂醫生開立的處方箋。透過操弄醫學專業詞彙，甚至還可以蒙蔽病

人自主判斷的智慧。[註3]

　　將疾病歸因於外星人、細菌大舉入侵，而不是身體本身失序的說法，證明了醫生的工作是老天爺賞飯吃。醫生傳遞給一般人的專業詞彙，如同以晦澀難懂的文字所築起的藩籬，且被大霧籠罩難以看穿。沒有被吸收進神秘組織的一般人，根本看不清他們的行徑，也參不透他們高深莫測的多端詭計。所有的古老醫學知識，都在現代實驗室裡被嘲弄。

　　有一個古老的例子：尼可拉斯・庫爾佩珀（Nicolas Culpeper）在醫學大學裡大刀砍向被壟斷的醫學知識，他勇敢地將《藥典》（*Pharmacopoeia*）翻譯成白話文，試圖向外行人揭露專業醫藥知識，請切記，對醫藥知識有高度興趣的人，是身體有病痛的人。尼可拉斯將藥典翻譯成白話文一事，遭受到媒體和教會譴責，指控他把「應有所顧忌的人，至少是反叛份子或無神論病患的就診收據，跟一般病患的收據混合放在一起。」[註4] 雖然從那時起，強硬的譴責措辭已經改變風向，但那些勇於質疑醫生壟斷醫學知識的人，仍不免被認為說法過於極端。古典醫學占星就這樣完全被隔離在遙遠的過去，而那些勇於跨越醫藥知識鴻

溝的前人，將他們的聲聲託付傳送到你手中這本書的作者
耳裡。作為庫爾佩珀的稱職傳承者，奧斯卡‧霍夫曼決定
將這門學問展現出來，不是出自於好奇，也不僅是囿於理
論、停留在智性的考古學研究，而是作為一個終將開花結
果、可以實際操作的系統。

正如庫爾佩珀讚揚的醫學之父希波克拉底
（Hippocrates）說過：「不諳占星學的醫生，就像空有形體
卻沒有味道的布丁。」[註5] 因此，奧斯卡的方法是透過占星
學達到醫學的療癒。主導現代醫學的對抗療法，很明顯有
其缺點。人類越來越被視為高度發展的精緻機器，而醫生
越來越把自己置於純粹器械的角色。當然，假如人類只不
過是一台機器，一旦發生故障丟掉不就得了，還比較有說
服力。但人類不是機器，每個人都各自不同。駕駛新手都
知道不能把汽油放入柴油引擎，正如各種內燃機有不同的
功能，外表不同的每個人內在也不盡相同。然而，這對醫
學界似乎太過複雜。同樣的藥物應該能治療任何有同樣症
狀的人；當結果不是如此，醫學界的反應是迷惘不已。

占星學判斷和開立處方的方式，皆不出整體醫學的範
疇。要療癒的不是特定症狀，而是特定的人在失衡時所出

現的特定狀態，症狀只是在那個狀態下的產物。現代人總是納悶，儘管出現相同的症狀，為什麼對甲有作用的藥物，用在乙身上卻沒有效果。然而，傳統醫師確實不認為這兩個病人應該要出現同樣的反應，原因是不論他們的症狀有多麼相似，甲和乙就是兩個不同的個體。運用占星學的傳統醫學，可以確保每個治療方法都是量身打造。

奧斯卡這本書有個特別值得一提之處，他整合聖賀德佳修女（Hildegard von Bingen）的醫學系統來呈現古典醫學占星，聖賀德佳修女強調的是道德和靈性會導致疾病。一個人的道德和靈性與健康狀態有因果關聯的論點，讓懷疑論者不假思索地問，是否慢性病患者皆是罪大惡極之人，而那些在運動場上看到的身強體壯之人是我們無法辨識的聖人，還是誦念聖母經三遍就能百病不侵了嗎？但這些反應都是對這個論點的誤解。約伯（Job）不是唯一清白無辜卻染上可怕疾病的人。接受這個關聯性的存在，並不是認同某位聲名狼藉的英格蘭足球經理的愚蠢理論：那些天生殘疾的人，是在承受前世對人施加兇殘暴力的結果。此處並非暗示「假如你是罪大惡極之人，你應該一身都是病」，而是說「如果你滿身是病，應源自於罪行的本質」。

自稱為人類的我們就像地球一樣，生命中存在著斷層帶。地震不是隨機分佈在地球表面，它們只會在斷層帶發生。對人類而言，疾病的產生會與每個個體的斷層帶一致。稍加思考即可證明這點，我們任何人都有的常見病痛，有些是來自我們的習性，有些對我們完全陌生。這些斷層帶位在深處，不僅存在於管理健康的表層，也延伸到我們非常內在的核心，也就是我們的靈魂。因此，如果要根本解決疾病，就不能忽視罪惡的概念。

這個不用多加思考就能摒棄的概念，立基在兩個膚淺的假設：一是自己很少犯罪，會犯罪的都是別人；另一個是疾病不應該發生，好似病人可以對裁判揮手，懇求他越位裁決。較睿智的觀點認為，罪惡和疾病是人類生存的必然構成。偉大的神學家尤瑟夫・皮柏（Josef Pieper）透過德語單詞 Heil 的不同含義，詮釋其中的關連性。正如他的英語譯者所詮釋的，「Heil 是德語中救贖的標準神學詞彙，heilig 的意思為『聖潔』，是用於尊稱聖人的標準字首。Unheil 等同於『健康』和『整體』功能的運作失準，也意味著不潔（Ich fuhle mich unheil），甚至是地震這類的不幸災難事件。」[註6] 罪惡是一種失序狀態，無法感受舒適自在

也是種失序狀態，發生在同一個人身上的兩種狀態是一致的。這就是為什麼百夫長為了病重的僕人向耶穌懇求接受靈魂救贖之際說道：「我知道我不配勞駕您進屋，但只要您的一句話，我的僕人就可以被治癒。」

當然，這不表示我們每次感冒都需要告解懺悔，但現代強調治療症狀的典型方式，等同於把人鎖在家中，好讓他無法外出作亂。傳統做法更求根本，目標在於改變個人，使其不產生犯罪的念頭。恢復健全的內在秩序才是目的，也反映在疾病的解決方案。

書中囊括相關素材並且整合成完整的系統，本書的規格更凌駕於介紹醫學占星的簡易技巧之上。自古以來，偉大的醫學占星著作不多，古典名著的稀少使得現代譯本無可避免地短缺。奧斯卡‧霍夫曼的這本著作是他個人的原創，也是一個佇立在傳統知識高速公路上的里程碑，堪稱為經典傑作。我們能想像古典醫學占星的名家從他們天堂的住所，往下對著這位後進的同路人露出微笑。

最後，我要跟開場一樣用一段趣事結束這個簡短介紹。幾年前，我聽到很多醫生接受關節炎藥物作用的訪問。醫生們不斷地討論製藥業的最新產品，權衡利弊輕

重。醫生一個個對各種新藥做出結論，但他們對於最有效的治療卻無法解釋。確實，注射黃金聽起來像是直接來自煉丹術士的書房，或許那些古代的醫師一點都不愚蠢。

註1——蓋倫醫學理論係為賦予希波克拉提斯「體液說」驗證的精神，提出完整的疾病理論和診療方法，認為身心是一體的，治療應兼顧身體面與精神面。資料來源：台大醫學博物館。

註2—— *The Social Transformation of American Medicine*, Basic Books, New York, 1982.

註3——ibid. p.87.

註4——Mercurius Pragmaticus, pt ii, no.21.

註5—— *Astrological Judgment of Disease from the Decumbiture of the Sick*, London, 1655; rep. Nottingham, n.d., p.48.

註6——The Concept of Sin, South Bend, 2001, p.52 and note.

I

醫學占星基礎
The Basics

chapter 1

體液和元素
The humors & the elements in the body

——醫學占星，一個沒有縫隙的體系——

地、水、火、風四元素，在古典醫學占星扮演重要的角色。這些元素是整個宇宙的基本組成，當然也是我們身體的一部分。火和水、地和風，強大地影響所有物理過程，因此醫學占星會一直談到這四個元素。光是透過四個元素的專用詞彙，就足以闡述和理解醫學諮詢、診斷、預後和療程的主要內容。

這也是一把開啟醫學占星百寶箱的金鑰匙。醫學占星由兩部分組成：醫學和占星學。藉由系統化闡述這四個元素，兩大部分理所當然地合而為一，醫學和占星學的構成要件彼此沒有分歧，因為我們可以用地、水、火、風定義宇宙的萬事萬物。

　　古典醫學占星與現代醫學占星的分別在於，現代醫學占星並沒有將星象和醫學緊密結合。現今所謂的「醫學占星」主要是自然療法或順勢療法，但他們不分析星盤，有時完全忽略具體治療，只提及心理層面。在當代的醫學占星中，整體邏輯的統一性和具體治療的可能性並不常見。

　　占星學的元素是身體和心理功能的組成元件，它們也存在於天然物質當中，如香草植物、寶石和食物。這就是正統占星方法具有療癒功效的可能原因。萬事萬物皆可透過這些元素相互連結。在名稱怪異的「啟蒙」時期來臨之前，醫生一直兼具占星師的身分，沒有涉獵占星學的醫者，被視為對醫學一無所知的庸醫，這樣的醫者為病人帶來的可能是傷害而不是療癒。

　　啟蒙運動開始促成現代西方醫學的發展，結合占星的古典醫學剎時被摒棄。被視為迷信而禁止的醫學占星，幾乎已經失傳。十九世紀末，在英國神智學（Theosophical）[註1] 的圈子裡，醫學占星得到重生，星盤和身體健康再次有了連結。直到二十一世紀初的現在，古典醫學占星才重回應有的地位。這本書旨在為這次古典醫學占星的復興做出貢獻，希冀對許多人的身心健康有所助益。

註1──神智學家主張一元論，偏向東方思想。相信人通過冥想、聆聽啟示或進入超乎人的正常知覺狀態而與實在直接相通，可以了解神的智慧，洞觀到自然和人的內心世界的奧秘。

——四種體液（Four Humors）——

在古典醫學占星學中，四元素各具有特殊的名稱，本書後續將使用這些名稱。火元素被稱為黃膽汁（yellow choler）、土元素是黑膽汁（black choler）、水元素是黏液質（phlegm 或 slime），而風元素是血液質（blood）。這個頗負盛名的四體液學說（humors 或 body fluids）是古典醫生希波克拉底和蓋倫著作的基礎，在西方傳統醫學沿用好幾世紀。現代醫師開始行醫前要宣讀的希波克拉底誓詞，就是現代醫學中仍殘存的傳統軌跡之一。

若想知道醫學占星學的效能，絕對需要徹底了解體液的功能。四種體液全都具有特定的功能，如果任一體液沒有達到需求量，可能就會產生問題。要了解四種體液的概念，特定圖像的思考是一個好方法。火元素過多會有什麼結果？炎症。就是這麼簡單，不過四種體液可以用各式各樣的形式表現。

雖然四元素或四體液是構成宇宙的基本元件，但它們可以用更基本的詞彙彰顯特性：質料（the qualities）。在現代占星學中，它們大多已被遺忘，不過從醫學的角度來

看，它們確實非常重要。每個體液或元素都是由兩種質料組成，各自描述它的溫度和濕度（圖1）。在討論四種體液之前，我們先花點時間看看基本的質料。

黃膽汁

熱　　　　　　　　　乾

血液質　　　　　　　　　　　　　　**黑膽汁**

溼　　　　　　　　　冷

黏液質

圖1 | 體液和質料
每種體液都有兩個質料，例如黃膽汁是熱和乾

——**濕與熱**——

一切的開始猶如創世神話：宇宙初誕生時處於極熾熱的狀態。熱是能量和生命，也是本能（impulse）和動力。

這是第一個質料，是物質宇宙絕對但稍微抽象的基礎。熱能導致運動，然後藉由動能將熱能耗盡，物體也隨之冷卻。冷是第二個質料，這個質料建基在第一次本能動力，源起自沒有熱的存在。熱可使物體移動，冷代表事物不再作用、沒有足夠的能量持續進行。這是第一個軸。熱和冷是初始質料。

第二組質料是濕和乾，從初始質料熱和冷發展出來。有些東西如果冷卻下來，它會吸收水分，將物體放置在室外一整夜，它會變得潮濕。如果太陽升起且溫度升高，我們很快就看到第四個質料：乾。了解這些質料的醫學本質並不困難，因為它們與四元素緊密相連，它們的效應在大自然處處可見，醫學占星師光是透過觀察自然過程，就能學到許多。自然界發生的事也會在身體內部發生，外境就是人的內在。

質料的特質還可以用這個方式進一步具體說明。熱會移動，它是能量和衝動，也能乾燥和刺激行動。冷會減緩和消耗能量。濕會因為相連和軟化，失去自己的架構。由於濕會瓦解界線，當一物流入另一物時，兩物的構成要素合而為一。乾是濕的對應，乾保有架構並且封閉，劃出清

晰的界線。這些質料的描述可用在身體或心理層面，古典醫學占星並未刻意區隔這兩個層面。

黃膽汁

這些質料可以用邏輯的方式構建出體液或元素。黃膽汁是易怒元素，質料是熱和乾。火有高度的能量，但無法與其他事物連接。這樣的熱集中在一定區塊，常出現在發炎症狀上，是典型的黃膽汁現象。在心理層面，符合火元素人的描述是，毫不猶豫地去做他認為正確的事情。火元素的乾意味著少有連結，熱則給予高度的能量去行動。

體內過多的黃膽汁會引起火元素現象，如前述的炎症，發燒和濕疹也是典型的例子，還有器官過度活動，如甲狀腺亢進。體液過多導致的症狀和疾病可能有極大差異，症狀會在患者最虛弱的部位發作。普遍認為火元素太多的人，行為過於活躍、聲音宏亮、皮膚乾紅，為人處事過度自信。

體液也與自然週期、四季變化相關。黃膽汁季節是熱和乾，亦即夏天，一年的第二個季節。黃膽汁疾病好發於夏天，針對夏季調整飲食是聰明的做法。西班牙冷湯就是

個例子，這是用番茄和黃瓜兩種濕冷的蔬菜製成的冷湯。炎炎夏日，這道冷湯在西班牙南部的安達盧西亞地區被居民大量食用。

生命中的身心發展階段也可以用體液專用詞彙描述。黃膽汁控制人生第二階段的青春期到青少年。這是年輕人從原生家庭釋放自我並宣示獨立的火焰時期。透過運動引導火元素離開身體相當重要，否則會導致皮膚的問題，身體會透過皮膚排出過多的熱。火也會造成典型的青少年性強迫症等問題，所以「熱」這個詞彙的產生並不是毫無來由。過多的黃膽汁可被視為身體在燃燒。

在傳統生理學中，黃膽汁有幾個功能。它可以防止血液凝固，以到達身體各處的最小微血管。黃膽汁也用於形成組織，如肺部組織和肌肉。熾烈的黃膽汁存放在膽囊中，用於清潔腸道。火也與心有關連，因為心臟是自行跳動的器官。顯然，黃膽汁假如過多或不足，這些功能全都會受到干擾。

黏液質

與黃膽汁相對的是黏液質，也稱為黏質物或水。水的

特徵是冷和濕，如果黏液質過多，會變成沒有固定形狀的液態物。水元素疾病的例子有感冒、流感、支氣管炎和鼻竇炎，不過也可能表現在腹瀉，甚至乾癬或失智症。如果你的感冒很嚴重，成塊的黏液質會變得稀薄。過多的黏液質可能與傷心有關，因為黏液質是情緒的元素。

黏液質是冷和濕，所以幾乎沒有能量，但它確實有能力與外物相連接。這也用來描述人的心理層面，黏液質特性的人有強烈情緒但天性不是很活躍，他們也是與他人（通常是家人）有濃烈情感和親密關聯的人，亦即心理和生理的關連和能量匱乏都是黏液質的表現。體液可以準確形容兩個層面彼此交織的關係。

黏液質的關鍵詞是「冷卻」、「流動」，以及「沒有固定形狀」。水從山上流向河床是很好的代表形象。由於水沒有固定型態，除非是大水橫流造成洪水沖刷沿岸，否則水會沿著河床流動。過多的黏液質被視為身體被水淹沒。

黏液質過多的人被認為行為被動、皮膚蒼白濕潤、個性羞怯，且聲音柔軟。他們沒有火元素可採取行動、為自己的利益奮鬥。由於沒有固定形狀，黏液質在心理和身體層面都呈現依附和黏著的現象。用沾濕的指尖翻頁就是個

例子，用水沾黏住紙張，就可以翻頁，如果紙是乾的，就
沒辦法翻頁：濕潤產生連結。

　　黏液質的生理功能可以簡單描述為一般的潤滑劑。想
像一下，如果關節乾燥會怎麼樣？為了讓事情順利進行，
濕是需要的。冷和濕的水元素能與熱和乾的黃膽汁相互照
應，防止身體過熱。由於黏液質具有流動性質，所以它掌
管排泄和排出，如分泌唾液、淋巴液和粘膜。當黏液質聚
積在肺部時，會使肺部容易產生黏液質疾病。黏液質也與
腎功能有關。

　　黏液質是冬天的體液，為了減少這個季節的濕冷帶來
的不適，在冬天多吃熱和乾的食物相當重要。在生命的過
程裡，黏液質主導著最後階段，這種柔軟易感的體液，
可以在性格溫和或痰多的老年人身上看到。失智症是另一
種黏液質現象，代表清明精神狀態的界線被悄悄消融的過
程。沒有固定形狀的黏液質是一種威脅，特別對於那些黏
液質體質的人。改變飲食或許可預防失智症。

　　懷孕是生命中特殊的黏液質階段，可以把它想像成最
大規模的掃除過程，因此身體需要黏液。這點解釋了懷孕
常見的心理和身體現象：心思極度敏感、胃口怪異難以控

制、缺鐵（鐵是火熱的火星類金屬，跟黏液質對應的黃膽汁有關），以及不穩定的骨盆等等，這些都是體內黏液質過多引起的體弱跡象。懷孕婦女的身體也是黏液質體質的明顯例子：身形圓潤、身體曲線不明顯、全身水腫。從懷孕婦女身上能看到黏液質的表現。

因為黏液質是感受的體液，所以水分均衡與否會直接影響情緒的穩定度。許多人水喝得不夠，可能導致情緒不平衡。身體需要黏液質的流動，這是我們每日生活的常態，因為它會清除身體的毒素。邁向情緒更穩定的生活，第一步是攝取足夠的水分，成人標準每天約需飲用兩公升的水，才能為更健康的情緒狀態奠定基礎。

身體層面影響心理層面，心理也會影響身體，兩者很自然地相互交流。無法跳脫悲傷情緒，或許是因為沒有流出眼淚使身體內部的黏液質總量增加。心理學和生理學沒有太多詞彙描述體液在人類的心理和生理表現，而黏液質就像心靈一樣，更纖弱、更不具肉身形象。其他因素也扮演重要角色，例如靈性因素，這些將在第八章的聖賀德佳醫學中討論。

血液質

　　第三個生命元素是樂觀的血液質。血液質是熱和濕，保有連結的能量，代表生命過程的縮影。然而，過量的血液質會引起疾病，可能發生在心臟和循環系統，也可能導致緊張、疲憊、偏頭痛和出血。事實上，這些狀況是身體企圖引動自發性出血來調整自身狀況。過多的血液質可能更容易導致感染，血液質藉由濕的本質，減少可能破壞免疫系統的內在熱能。

　　濕和熱的結合帶來能量與能力的連結，符合人們心目中善於社交和與人為善的風象星座形象。濕會想與他人聯繫，而熱導致活動，這是善於溝通且樂觀正面的體液類型。血液質的本質是開拓，喜歡接觸人群。有些血液質的人也喜歡搬家，導致人與人之間的交情不深。我們可以從血液在身體裡流動看到這種情形，血液在生物體內流動、交換物質，帶來營養物質並帶走廢物。肝臟是儲藏血液的器官。

　　除了在身體中形成紅色的液體，血液在消化食物方面也扮演重要角色，熱和濕的能量協助胃和肝臟消化食物。血液為大腦和心臟提供能量，並且增強精子和母乳的質與

量，血液質也跟生育能力明顯相關，具有拓展的特性。血液質的疾病可比擬為熱蒸氣，是一種身體內部的熱氣。

血液質的季節是春天，萬物開始成長萌芽。此時還存在足夠的濕，夏天的熱還沒將濕曬乾，所以是處於美好的平衡狀態。就生命階段來說，血液質代表尚未進入青春期的童年階段。孩子們玩鬧嬉戲，難以規範、隨心所欲的行為，完全符合血液質精力充沛的本質。在這個血液質階段，感染的危險增加，表現出來的是常見的兒科疾病。

黑膽汁

跟樂觀的血液質相對應的是憂鬱的黑膽汁。冷和乾的黑膽汁是所有體液中最危險的，因為它與生命所需的熱和濕截然不同。冷和乾的結合帶來的低能量與外物難以連結，是一種逐漸僵化的形象。黑膽汁過多的人，通常會因為連接斷裂和能量耗盡導致疾病，例如多發性硬化、憂鬱症、帕金森氏症和便秘。

黑膽汁跟黏液質的人一樣面色蒼白，但是黑膽汁的人看起來更乾枯憔悴。黏液質的人還想要跟外界有所聯繫，但黑膽汁的人則是孤立並切斷連結。這是典型的黑膽汁憂

鬱症，覺得生命不再有意義，相較於黏液質的「憂鬱症」，它更像是因為情緒受困所引起的悲傷。黑膽汁過多的人通常高瘦，行事作風簡潔也不多話，這些人更容易受到憂鬱症的侵襲，因為他們的身心層面天生有過多的黑膽汁。

在傳統生理學中，黑膽汁確實有些非常重要的功能。身體所有的硬實部分都是由黑膽汁建構而成，如頭髮、骨頭和指甲。黑膽汁具有放慢的作用，它在消化過程中很重要，因為能讓食物停留的時間長到足以好好消化。黑膽汁具有穩定堅毅的特性，以及心理上的毅力和紀律。黑膽汁被存放在脾臟，可以傳送到胃增加食慾。當身體變得冷和乾時，就是胃需要食物的訊號。

在季節的循環中，黑膽汁與西風落葉的秋天相連結，也是大自然步調減緩的過程。對於那些容易受影響的人來說，憂鬱症會在這個時候發作，而更熱、更濕的血液質食物可以抵銷過多的黑膽汁，防止典型的秋季憂鬱。生命週期的黑膽汁階段落在成年期，人們常與之跟無憂無慮的童年時期對比。

在四十到六十歲的階段，肩上通常扛著沉重的責任，事業在人生高峰期，家中的小孩正在成長，同時還可能需

要照顧雙親。此時必須工作並且承受生活中固有的限制，生命能量正在減少，已經不可能在外通宵狂歡，認清自己體力的極限是首要任務。這個階段的責任還在繼續累積中，相當符合黑膽汁的形象。不論是從心理學或醫學的觀點，這都不是社交活動最豐盛的階段，因為黑膽汁的乾會切斷連結。

　　體液說在很多方面都是古典醫學占星中最基礎的架構，它說明一個人的醫學、社會和心理功能，並且描繪季節自然律動和生命階段的更迭。體液說也提到，假如四種體液之間的平衡狀態受到干擾，身體就會出現狀況，疾病也因此發生。疾病本質既是體液失衡的徵象，也是療癒方法的基本依據。我們將在第四章和第五章具體討論判斷和療癒方式。

──四元素還是五元素？──

　　這本書把重點放在實際問題，將四種體液功能圖表化後作為判斷工具，並且有效地發揮作用。即便是所有醫生

都放棄的個案，使用體液模型的醫學占星師還是能為他帶來療癒。我們在書中使用的模型極具效力，但另外還有一個元素，若有涉獵東方醫學，例如阿育吠陀（Ayurvedic）或中醫的人就會知道第五元素的存在。但是阿育吠陀傳統醫學在實際運用上減至三種「生命能量」（doshas）。

這看似與西方的體液系統相牴觸，但其實並非如此。西方系統中，更高的層次存在於第五種元素，稱為第五元素（quintessence）或乙太（ether）。乙太是一種更細微精巧的物質元素，也是其他四種較粗糙元素的源起。第五元素是非物質世界的更高層媒介，行星力量透過乙太將自己投射到物質世界。就四種粗糙體液而言，乙太代表概念形成的階段。

乙太在冷卻、加熱、乾燥或濕潤的意義上，幾乎沒有發揮任何直接的體液效應，它是更精緻、細微的元素。確實，乙太與更高層次的世界相關，並且某種程度涉入其中。將人類視為僅由四種粗糙體液混合的觀點，太過唯物主義，加入乙太便有所不同。第五元素近似於風元素，因此它跟風元素行星木星，以及最能代表木星的器官肝臟有關。

　　將乙太列入考量極為重要。雖然我們能有效地讓四種粗糙體液發生作用，但人類的組成不僅有粗糙的物質。五種元素的模型可以視為四體液模型的背景理論，第五元素對於健康和疾病的影響大於粗糙與物質元素。因此，四種體液模型與五種元素理論並不矛盾，相反的，四種體液可說是五種元素的一部分。四種體液模型是醫學占星的核心，不過在實務中也會論及其他幾點要素。

chapter 2

症狀和疾病
Symptom & disease

——唯物主義觀點——

　　現代醫學與傳統醫學之間的不同，在於古老宗教和宇宙生命觀與啟蒙時期唯物主義的差異。現今以科學為基礎的世界觀，仰賴可以觀察、觸摸和衡量的實體事物。現代醫療體系投資先進的診斷儀器，在身體疾病發作前先檢查出問題，但這可能導致患者被視為獨立症狀的組合。傳統醫學觀點認為，症狀是深藏在人類有機體內生理和心理的最終結果。

　　現代醫學藥物的缺點之一是通常只能緩解症狀，卻無法治癒病因，因此症狀之後會再次出現。傳統醫學是整體地看待病人，在情況變得更嚴重以前，身體任何失衡狀態都能從最根本的層面修正。

　　現代醫學偏愛觀察物質層面發生的狀況，試圖對抗所呈現的症狀。這是科學醫學進展到跳脫哲學觀的必然結果，起因於十七世紀啟蒙時期的理性主義和唯物主義觀。突破過去的發展，是文藝復興時期出現的第一個徵兆。在那個時期，宗教和宇宙觀開始逐漸轉向世俗的個人和唯物觀。

　　文藝復興是西方文化的決定性發展時期，精神層面為主的傳統方向在這時被棄守。這種觀點的轉變以及啟蒙運動帶來的徹底改變，在星象上的徵象主要來自重要恆星因歲差移行進入新的星座，以及發生在1603年12月18日的木土大會合（Great Conjunction）[註1]。這是八百多年來第一次，木土再次會合在火象星座的射手座。以古典世運占星（Mundane astrology）的說法，這象徵主流宗教的消失和另一種人生觀的崛起，如此看來便是唯物主義哲學觀，或比較好聽的說法是科學「宗教」。

── **多種症狀，四種原因** ──

　　在古典醫學占星中，我們看的不是眼前的症狀，事實

註1──1603年木土平均會合是發生在8月29日的射手座0度，資料來源：*Astrology of The World II*，Benjamin N. Dykes 著。

上只有四種類型的疾病：地、水、火和風。我們的身體是宇宙的一部分，而宇宙是由四種基本元素的能量組成，就是如此簡單。傳統方法中，疾病發生是因為四體液或四元素之間的平衡狀態被擾亂。只要任何一種體液過多，這種體液就必須對治處理。

四種基本元素會以許多不同方式在人類的有機體裡作用。不同的體液過多可能會引起同樣的症狀，或相同的體液過多可能會導致不同的症狀。傳統方法中，疾病發生的根源有複雜且微妙的關係，症狀只是不平衡狀態的表層現象。因此，症狀和疾病之間並沒有直接的線性關係。外顯症狀不一定會清楚顯現真正的問題所在。濕疹是一個很好的例子，這是種皮膚科醫師無法有效治療的症狀。表面上，濕疹最常見的是火元素現象，黃膽汁從皮膚中透出來。然而，這不代表濕疹的原因是黃膽汁過多。

實際狀況顯示，皮膚疾病可能由不同種類的體液過多引起。可能是黃膽汁，但也可能是黏液質、血液質，有時甚至是黑膽汁。如果黃膽汁是肇因，過多的火元素會透過皮膚釋放出來，長出典型的灼熱紅色斑點，如果黃膽汁

實在太多，就會引起炎症。但如果皮膚疾病的原因是黏液質，火元素也同樣會通過皮膚竄出，在這種情況下，人體內因為黏液質聚積變得水份過多，以至於「不知道」如何處理體內的火元素，只能從身體內部往外拋出。

因此，同樣的疾病可能是不同的體液造成。事實上，許多疾病都是這樣顯現的，像常見的疾病，例如心臟問題、高血壓和癌症。現代醫學治療這些問題的方法不同，一個很好的例子是濕疹常用藥物──可體松。可體松是冷的，可以非常有效地冷卻火元素，但只是表層的效用。這種有毒物質可能對身體其他部位造成問題，因為它的冷卻能力太強。肺臟對濕冷的黏液質相當敏感，長期使用可體松會使肺部變得太冷，因而生成過多的黏液質，演變成肺部問題，最終導致慢性氣喘或支氣管炎。

假如造成濕疹的真正原因是濕和冷的黏液質過多（常見的病例），可體松顯然會帶來更多傷害。導致火熱濕疹的冷質狀況，會因為使用冷質藥物而惡化。雖然外層的火元素現象稍微冷卻，但讓身體致病的冷質狀況卻更加惡化。長期使用會演變成慢性疾病，但卻通常進一步用冷質方法加以治療。

同樣情況也可說明癌症，癌症症狀的根本原因是四體液中的某一種體液過多。我們再次看到不同原因造成或多或少相同的症狀，癌症是一個警訊，警告我們身體的某個部位嚴重失序。在現代醫學中，常用冷和乾的藥物治療癌症以限制細胞增生，倘若造成癌症的根本原因是黑膽汁（常見的病例），這樣的治療反倒會產生傷害。黑膽汁是冷和乾，藥物的副作用也是冷和乾，因此更增強黑膽汁過多的效應。症狀可以暫時性被壓抑，但根本的原因仍然存在，這也是為什麼癌症經常復發。

幸好，針對那些主因是過多的熱引起的癌症病例，現代醫學很成功，因為冷質的藥物可以有效地作用在症狀和根本病因。

傳統醫學與現代醫生合作，或許能有相當的成果。占星學家可以根據熱／冷／乾／濕看到疾病更深層的原因，這種判斷方式可用於療程規劃。古典醫學占星能透過星盤，看穿表象背後的真實事件。占星學可以將觀測到的天體現象轉譯成現實成因，因為占星學具有宇宙結構的知識。不只有地、水、火和風四個基本元件，還有七個動態的行星力量，運轉一切事物。這個原則適用於整個宇宙，

即使是從未受過任何醫學訓練的占星師，也可以開立療癒
疾病的有效處方。

──放血療法？──

　　學院派對傳統方法擺出科學的高姿態，放血就是一個
很好的例證。關於放血，我們多數人立刻想到的場景是，
一個戴著大圓眼鏡的傳統江湖術士束手無策地站在那裡，
眼睜睜地看著他的病人血流過多而死。現代人為其定罪，
認為這是可怕的迷信，許多人因此受害。但這完全不是事
實，而是刻意捏造以諷刺傳統，根本沒有事實根據。

　　放血是種需要多重照護一併進行的療法。首先，流出
的血量很少，最多不超過150毫升，而現代醫學的捐血抽
出的血量可多得多，通常是500毫升。第二，放血療法總
是小心翼翼地準備好前置作業，病人在放血前或放血後要
持續數日的飲食控管。第三，整個過程需要根據星象擇
時，病人也必須符合嚴格的標準，如果病人的身體狀況太
虛弱，就不能施做放血療法。在正確的情況下，放血是非
常有效的預防性療法，或作為療法的一部分。

——傳染性疾病——

　　當今現代醫學的執念：病菌、細菌和病毒。很多疾病被簡化成病菌進入了身體，這個說法某種程度確實如此，但還是取決於每個人理解的層面。不可否認，病菌在引發疾病上有一定的影響，使用抗生素或抗病毒藥物殺死細菌病毒可能合理並且有效。但更甚於此的是，當一個人的體液呈現平衡狀態時，就不會輕易受到感染，就是說如果身體的狀態均衡良好，就能抵抗細菌感染的傷害。其次，感染可以在體液層面得到良好控制，如果體液恢復平衡，細菌自會消失。因此，我們所用的方法在層次上是不同的。傳統療法先進行修復，使狀態達到平衡，身體自身就能對抗病菌；現代醫學的做法是把摧毀病菌當成必要前提，在這種情況下，身體沒有機會進行調整或發展抵抗力，因此可能再度感染。

chapter 3

占星解剖學
Astrological anatomy

──星座、宮位和身體部位──

　　我們已討論過四種體液的運作方式，以及症狀與病因之間的關係，現在只需要再討論醫學占星的另一個基本構成要件：占星解剖學。占星學的符號象徵透過宮位、行星和星座，標記身體的各個部位。星座和宮位所代表的身體部位，純粹是借用解剖學的觀點，例如獅子座和第五宮代表心臟。在古典占星學中，占星解剖學是唯一宮位和星座詮釋幾乎一致的區塊。除了醫學占星，這樣類比的方法在現代占星被廣泛使用，但在古典占星卻非常少見。

　　一張星盤就像是反映身體各個部位的圖像。從牡羊座開始是頭，雙魚座結束在雙足。宮位也一樣，第一宮代表頭部，第十二宮代表雙足。在實際運用上，比較常使用宮

位代表身體各部位。若想檢視肝的狀況，我們首先看第五宮和它的主管行星，以及第五宮的宮內行星。

這種對應身體部位的應用有其靈活性與實用性。沒有一種方法永遠正確，最清楚的指示有時來自宮位，有時是星座，還有時是行星。為了確定疾病對應的身體部位，需使用以下準則：

牡羊座／第一宮　　　頭部

金牛座／第二宮　　　頸部、喉嚨

雙子座／第三宮　　　雙手、雙臂、雙肩

巨蟹座／第四宮　　　胸部、肺部

獅子座／第五宮　　　心臟、肝臟、胃、背部、身體兩側

處女座／第六宮　　　腸道、腹部

天秤座／第七宮　　　泌尿／生殖系統、下背部

天蠍座／第八宮　　　排泄器官、肛門

射手座／第九宮　　　臀部、髖關節

摩羯座／第十宮　　　膝蓋

水瓶座／第十一宮　　小腿、腳踝

雙魚座／第十二宮　　雙足

　　以上主要是以身體的部位為基準，可能會有重疊的部分，這是為什麼有些器官被歸類在不只一個宮位中。此外，星座與宮位之間的對應並不完美，生殖器官被歸類為天蠍座，但也被歸類到第七宮。當然，生殖器官和排泄器官很接近，但天蠍座和第八宮似乎偏指外部器官。

　　第一宮特別重要，因為它不僅代表頭部區域，也意指整個身體狀況，是醫學卜卦判斷的關鍵，此部分將在第四章和第五章進一步討論。古典權威學者並不認同所有歸類，特別是膀胱、腎臟和生殖器官。然而占星學總是符合邏輯的，因此我們鼓勵自行思考，進一步推敲原則背後的可能意義。

　　相互對立的宮位更能清楚說明。第二宮連接喉嚨與食物以及用於維持身體的一切，指的是一個人所掌握的資源，支持他為生存而戰鬥的事物。因此在對宮，我們看到的是屬於別人的東西，所代表的事物都是向外的，所以排泄器官歸類在第八宮。這也適用於跟他人和感情關係有關的第七宮，所以我們看到生殖系統歸類在第七宮。

　　腎臟是棘手的器官，它有時歸類在第六宮，有時歸類在第七宮。當腎臟跟天秤座連結時，顯然是指泌尿系統，

所以把它放到第七宮是比較好的位置。很多器官被歸類在
第五宮到第八宮，這樣其實不夠清楚，但只要運用一些創
意和彈性思考，這個系統在實務上可以運作良好。這部分
很重要，因為我們主要處理的是特定的卜卦問題。

在實務操作上，人體解剖學的特定部位跟特定黃道度
數之間並沒有詳細的對應，沒有某個特定的黃道度數與某
一塊脊椎骨或腸道的特定區塊有對應關係。它的操作方法
是看星座在宮位的哪一部分。假想天秤座在第九宮的第一
個部分，天蠍座則在第二個部分，以這個例子來說，第一
個星座代表臀部，第二個星座代表髖關節，所以天秤座的
主管行星金星顯示臀部的狀態，天蠍座的主管行星火星顯
示髖關節的狀態。

——行星與器官——

除了宮位與星座，行星也有解剖學的意涵。若想了解
這點，必須對星盤中行星的作用有清楚的概念。古典占星
學的星座只是映襯行星的背景，行星具有動態力量，可以
自行運作，也促使事物有所作為。現代占星學所描述的星

座特性，在過去其實是屬於主管這些星座的行星。畢竟，行星可以「主管」星座的理由完全是因為行星有力量去修正和驅動事物，而且能有所行動。現代占星形容天秤座的典型描述，其實是用於描述其主管行星金星的。

這類誤解掩蓋許多在占星學中再清楚不過的事。星座不等於宮位，而行星也跟星座不同。行星比星座的作用更清晰具體、也更活躍，行星呈現的七股動態力量，雕琢刻鏤著我們的世界。醫學的七大行星是身體裡的七股能量，在不同的器官形成具體形狀。行星的能量可以反映器官的功能。為了說明這個原則在實務上的作用，我們可以想想歸類為土星的幾個器官，這些器官有膀胱、皮膚、牙齒、骨骼和關節、脾臟，以及右耳。皮膚是人體與外界的界線，也是身體的分界線，是非常土星功能的器官。骨骼是提供結構和堅定性的框架、膀胱是水分的保存者、脾臟儲存和處理黑膽汁──跟土星一樣冷和乾的體液。免疫系統也屬於土星，它像是第二層皮膚，保護人體與外界隔離。

右耳的象徵意義有點不太明確，可能源自於土星負責聽覺的傳統歸類。之所以是右耳，是因為成對的器官當中，右邊的器官往往被視為最重要的器官，行星的一般性

功能也多呈現在右邊的器官。假如有必要做出區別，成對
器官的另一邊則被分配到另一個行星。在這種情況下，傳
統上左耳屬於火星，雖然我不明白道理為何。[註1]

木星是古典占星學中的大吉星（benefic），指的是肝
臟、肺臟、軟骨和精子。肝臟是一個偉大的排毒器官。溫
暖且潮濕的肝臟，是形成與分配體液流往身體各個部位的
中央崗哨，因而使生命成為可能。肺臟顯然與風元素行星
的木星有關。木星也是濕的，代表軟骨堅韌但又質軟，不
像土星的骨頭那麼硬實，軟骨是一種具有彈性、柔軟潮
濕，有著真實骨骼形態的結締組織。

火星不僅負責左耳，還掌管膽汁。膽汁是一種強力液
體，能刺激和分解脂肪，並能清潔腸道。它也象徵著身體
和血液中的鐵，但只有身體發現外傷時才會生成。木星提
供血液本身的質量，而血液循環的功能與心臟相關，此外
太陽代表心臟。火星也代表生殖器官，特別是男性的性器
官。這個行星也作用於免疫系統。

太陽的光芒萬丈，指的是視野和眼睛，特別是男人的右
眼和女人的左眼。古典醫學占星再次強調左右的分別，這個
說法已經在實務中證實有用。太陽掌管頭部和腦部，其功能

註1——古典文獻中，五官對比感官的徵象星，右耳為土星掌管、左耳為木星掌管。引用資料：
The Search of the Heart，Hermann of Carinthia 著，Benjamin N. Dykes 翻譯編輯。

是擔任身體的中央命令和調度中心，就像太陽是領導者也是國王，是發動舉事的中樞。這表示我們需要充滿活力的太陽能量，使中樞神經系統可以良好運作。

冷和濕的金星顯然與（女性）生殖器官和腎臟有關，負責保持水分平衡。金星也代表喉嚨。

水星掌管神經系統、思考和想像力、手指、雙手和舌頭。它也掌管頭部，但有別於太陽。水星涉及訊息流通，純粹是連結的功能面向，與中央協調的功能無關。有時水星與肺臟有關，這部分強調的是廢物和氣體的交換。水星跟木星的本質相互牴觸，風元素的大吉星比冷和乾的水星更適合掌管肺臟。

最後，月亮是冷和濕的母性行星，主管膀胱、子宮、乳房、腹部和腸道（月亮有沖洗功能）。它象徵男人的左眼和女人的右眼。月亮也與腦部和頭部有關，跟水星剛好相反，水星是理性的思維，而月亮是大腦的另一面，具有情緒化、直覺的功能。

很明顯，相較於星座／宮位系統，占星學中行星的功能與器官連結更具有一定的優勢。如果占星師從提問中想檢視免疫系統狀況，土星是合適的代表因子。水星也常作為神

經系統和理性思維的代表因子。另外還有第四種解剖象徵系統，將行星跟所在星座組合起來一起觀察，這個系統可用於找出受疾病影響的身體部位，內容如下（取自《威廉利里的基督徒占星學第一冊》〔 *Lilly's Christian Astrology* Book1 〕）。

在牡羊座

土星：胸部／手臂；木星：頸部／喉嚨／心臟／腹部；火星：腹部／頭部；太陽：大腿；金星：腎臟／腳；水星：生殖器官／腿；月亮：膝蓋／頭部。

在金牛座

土星：心臟／胸部／腹部；木星：肩膀／手臂／腹部／頸部；火星：腎臟／喉嚨；太陽：膝蓋；金星：生殖器官／頭部；水星：大腿／腳；月亮：小腿／喉嚨。

在雙子座

土星：腹部／心臟；木星：胸部／腰部／生殖器官；火星：生殖器官／手臂／胸部；太陽：小腿／腳踝；金星：大腿／喉嚨；水星：膝蓋／頭部；月亮：腳／肩膀／手臂／大腿。

在巨蟹座

　　土星：腎臟／腹部／生殖器官；木星：心臟／生殖器官／大腿；火星：心臟／胸部／大腿；太陽：腳；金星：膝蓋／肩膀／手臂；水星：小腿／喉嚨／眼睛；月亮：頭部／胸部／胃。

在獅子座

　　土星：生殖器官／腎臟；木星：腹部／大腿／膝蓋；火星：膝蓋／心臟／腹部；太陽：頭部；金星：小腿／胸部／心臟；水星：腳／手臂／肩膀／喉嚨；月亮：喉嚨／胃／心臟。

在處女座

　　土星：大腿／生殖器官／腳；木星：腎臟／膝蓋；火星：小腿／腹部；太陽：喉嚨；金星：腳／胃／心臟／腹部；水星：頭部／胸部／心臟；月亮：手臂／肩膀／腸道。

在天秤座

　　土星：膝蓋／大腿；木星：生殖器官／小腿／頭部／眼睛；火星：腳／腰部／生殖器官；太陽：肩膀／手臂；金星：頭部／小腸；水星：喉嚨／心臟／胃／腹部；月亮：胸部／腎臟／心臟／腹部。

在天蠍座

　　土星：膝蓋／小腿；木星：大腿／腳；火星：頭部／生殖器官／手臂／大腿；太陽：胸部／心臟；金星：喉嚨／腎臟／生殖器官；水星：肩膀／手臂／腸道／背部；月亮：胃／心臟／生殖器官／腹部。

在射手座

　　土星：小腿／腳；木星：膝蓋／頭部／大腿；火星：喉嚨／大腿／手／腳；太陽：心臟／腹部；金星：肩膀／手臂／生殖器官／大腿；水星：胸部／腎臟／心臟／生殖器官；月亮：腸道／大腿／背部。

在摩羯座

土星：頭部／腳；木星：頸部／小腿／膝蓋／眼睛；火星：手臂／肩膀／膝蓋／小腿；太陽：腹部／背部；金星：胸部／心臟／大腿；水星：胃／心臟／生殖器官；月亮：腎臟／膝蓋／大腿。

在水瓶座

土星：頸部／頭部；木星：腳／手臂／肩膀／胸部；火星：胸部／小腿／心臟；太陽：腎臟／生殖器官；金星：心臟／膝蓋；水星：腸道／大腿／心臟；月亮：生殖器官／小腿／腳踝。

在雙魚座

土星：手臂／肩膀／頸部；木星：頭部／胸部／心臟；火星：心臟／腳／腹部／腳踝；太陽：生殖器官／大腿；金星：腹部／小腿／頸部／喉嚨；水星：腎臟／膝蓋／生殖器官／大腿；月亮：大腿／腳。

　　行星被視為身體內部的動態能量。在體液平衡的背景下，這七股能量決定身體和心理功能，但它們常常跟映襯行星的星座體液質相牴觸。行星所在星座的位置，可以決定行星能否以有效和平衡的方式表現。假如星座的體液質（熱／冷／濕／乾）跟行星的質料不一致，可能因此誘發疾病。在下一章，我們將討論如何根據卜卦盤和這個原則進行判斷。

　　在醫學占星整個體系裡，外行星只扮演次要的角色。外行星不被當成真正的行星，而是作為恆星般另行看待。只有當外行星跟行星有緊密相位（aspect）時，才有值得一提的重要性，但通常是不利的狀況。外行星沒有主管星座，所以無法成為宮位的主管行星。它們沒有真正象徵身體器官的能量，也沒有其他功能，所以只有當它們有意義時，才會列入考量。

——荷爾蒙分泌腺——

　　行星的七股動態力量跟人體內最重要的七大腺體之間有不可思議的相似處。腺體是心靈和身體間最主要的連結

點，它們在人體／心智系統中具有重要的整體調節功能。七股行星力量分別表現在這些腺體，在這些連結點上，行星得以與人體展開接觸。七大重要的腺體由上往下依序為：松果體、腦垂腺、甲狀腺、胸腺、胰腺、腎上腺和生殖腺。

松果體被視為靈魂之座，位在最接近「天堂」的最高位置。這個腺體負責產生的荷爾蒙，在青春期以前會抑制生殖腺的活動，是一種非常土星的功能。我們可以把土星當作界限行星，是神聖維度門檻的守護者，可與賦予松果體的精神意義相連。松果體與生理時鐘和晝夜節律的調節有深厚密切的關聯。松果體製造褪黑激素（melatonin），英文中的melan＝黑色＝土星，這種物質可以增強免疫系統，增加「自然殺手細胞」的數量，並且刺激骨髓細胞的生長，這些全都是土星的事項。最明顯的是在松果體中發現磷灰石和方解石的晶體，它們是屬於月亮／土星軸線的礦物。

根據體液學說的主要建立者之一蓋倫的說法，松果體最重要的功能之一是控制普紐瑪（pneuma）的運動。普紐瑪是一種「風元素」的靈性湧流，與更高維度和生命能量的來源密切相關。普紐瑪跟氣（prana）相似，這裡的氣是阿

育吠陀醫學裡的靈性勢能。普紐瑪藉由呼吸進入人體，具有土象特質的松果體負責將其接地。松果體也跟第三眼有關，即靈性的本質。

　　腦垂腺是木星的能量，在整個腺體系中具有中央調節的功用。太陽是國王，而木星代表貴族、執政精英，木星的功能在這個腺體上顯而易見，負責協調整合增長過程，在身體層面具有典型「長期」的快樂願景。接下來是甲狀腺，刺激甲狀腺體溫會升高，影響新陳代謝作用，明顯具有戰鬥徵象。甲狀腺是唯一需要碘的腺體，這種物質具有火星的腐蝕性。

　　第四個腺體是胸腺，位置接近心臟，長久以來被認為沒有功能。然而，摘除胸腺會導致整個系統的生命力、生長力和抵抗力普遍下降，因此它具有明顯的太陽徵象。胸腺會隨年齡增長而逐漸萎縮，反應了生命能量的流失。第五個腺體是胰腺，跟維持血糖水平相關，具有金星的特質。

　　下一個腺體在許多方面具有雙重功能，腎上腺會分泌腎上腺素和去甲腎上腺素，對環境中的威脅作出充分反應。腎上腺就如聰慧的水星，敏捷地隨時應對外在變化；腎上腺通常成對，水星也常代表成雙成對的事物。腎上腺

皮質能將互相交織的神經系統連接，這也是水星的徵象。

　　最後是與生育有關的生殖腺，我們從中看到月亮陰柔母性和豐饒繁殖力的一面。顯然，這個腺體也可能跟強烈的情緒和慾望產生關連。最靠近地球的月亮，透露出自發的情緒衝動和對世俗事物的希冀，對生命的強烈渴望也反應在繁衍後代上。令人驚訝的是，我們發現土星和月亮之間的互斥也表現在腺體層面，青春期到來以前，松果體會一直抑制生殖腺。

　　在甲狀腺和胰腺中，也能看出火星和金星所扮演的互補／相反角色。甲狀腺可以調節熱的產生，而胰腺則在過程中維持適當的原料水平，這些是同一過程的兩個面向。水星的腎上腺素有立即警覺的作用，跟長期快樂成長和「規劃」的腦垂體作用相反。身為太陽腺體的胸腺，位居中央的平衡與活力要塞。腺體的位置反映行星軸線的形成，就像松果體是位置最高的腺體，而月亮的生殖腺則落在最低的位置。

II

判斷和療癒
Diagnosis & Treatment

chapter 4

判斷：疾病的
更深層原因

Diagnosis: The deeper causes of illness

——卜卦——

　　現代占星總是把焦點集中在本命盤，然而古典占星更強調的是卜卦盤。關於病情的提問，我們可以只根據卜卦盤做出可靠的判斷和療程建議，但本命盤無法做到這點。本命盤大多是用來提供預防性建議。理由非常簡單，醫學問題的卜卦盤能確切顯現個案的當下狀況，但是從本命盤所看到的徵象常太過廣泛而難以確認。

　　以慢性病來說，卜卦盤是比較好的選項。因為在實務上，病人的狀況很多，向占星師提問時，推運或過運無法直接顯示當下的狀況。存在多年的慢性病有時會反映在推運，而這個推運運程可能在個案提問之前數年便已開始，但對於多數的個案來說，這種情況並不明顯。本命盤無法精確判讀

推運導致的病情發展，以及對身體造成的干擾。

此外，飲食習慣、生活方式、心理狀況和療程對身體平衡都有很大的影響。我們永遠不知道一個人如何生活、遇上什麼日常事件，這些都屬於個人生活的選擇，無法在本命盤中讀到。我們無法基於必然不完整的生命故事再結合個案的本命盤，做出可靠的判斷和療程建議。所以多數現代占星師不做判斷或療程建議，僅提供一般的心理諮詢；或者像順勢療法或自然療法的另類療法治療師，可能會把本命盤當作參考，再結合其他療法。

卜卦盤可以是判斷和療程建議的可靠工具，只需要通盤了解與仔細分析占星學中體液說的功能。卜卦盤的繪製並不複雜，假如你是自然療法治療師，基於卜卦盤做出的療程建議，一定能為個案帶來助益。將醫學占星與其他未涵蓋占星學的療法做個比較，例如阿育吠陀傳統醫學、尤那尼傳統醫學（Unani Tibb）（南亞的伊斯蘭體液醫學）和中國傳統醫學。這些方法都有相似之處，其中熱、濕和四元素是主要內涵，但要藉由詳細觀察才能作出判斷，例如舌苔顏色、脈搏沉浮快慢、尿液顏色、糞便形狀和皮膚色澤。一個經驗豐富的中醫或尤那尼醫生不需詳察星盤，就

可以判斷出哪一種體液過多。

　　醫學占星中的體液說在尤那尼傳統醫學裡保留最完整，相對於其他傳統醫學，尤那尼傳統醫學在西方世界較不為人知。然而，尤那尼傳統醫學在南亞地區（如印度和巴基斯坦）非常普遍。尤那尼傳統醫學受到印度政府大力支持，因為所需的醫學費用低廉又具有極佳療效。尤那尼傳統醫學與伊斯蘭教密切相關，而印度的阿育吠陀傳統醫學則植根於印度教。事實上，尤那尼傳統醫學源自於希臘，Uanai的意思是愛奧尼（Ionic，希臘古典建築的三種柱式之一）。西方的尤那尼傳統醫學仍然存在且被廣泛使用，所以我們也能在古典醫學占星中使用尤那尼療法。

——尊貴法則——

　　為了能用古典醫學占星做出可靠的判斷，我們需要了解古典的尊貴法則（dignity）。形容力量的尊貴法則有兩種。第一種尊貴法則是必然尊貴（essential dignity），根據行星所在的星座判斷。位於牡羊座的火星是在自己主管的星座，因此得到很多必然尊貴。而火星在摩羯座也很有

力，因為火星入旺於摩羯座。

　　另一種是行星與所在星座配置不佳的組合，稱為「陷」（detriment）或「弱」（fall）。假如行星位於反尊貴的位置，它就無法有正向的作用，稱為必然無力（debility）。例如火星在天秤座，是把火星放在主管星座的對面，處於入陷的位置，一個不穩定的火星會招致麻煩。假如火星在巨蟹座，位在旺宮摩羯座的對面，火星就失去尊貴（入弱），其作用也會以相似的負面方式呈現。以下是所有行星最有力的尊貴星座或最無力的反尊貴星座位置。

太陽

有力：廟宮為自己主管的獅子座，旺宮星座為牡羊座。

無力：陷宮為獅子座對面的水瓶座，弱宮為牡羊座對面的天秤座。

月亮

有力：廟宮為自己主管的巨蟹座，旺宮為金牛座。

無力：陷宮為巨蟹座對面的摩羯座，弱宮為金牛座對面的天蠍座。

水星

有力：廟宮為自己主管的雙子座和處女座。處女座是水星主
管的星座，同時為水星的旺宮，所以水星在處女座特別有力。
無力：陷宮為射手座，弱宮為雙魚座。

金星

有力：廟宮為自己主管的金牛座和天秤座，旺宮為雙魚座。
無力：陷宮為牡羊座和天蠍座，弱宮為處女座。

火星

有力：廟宮為自己主管的牡羊座和天蠍座，旺宮為魔羯座。
無力：陷宮為天秤座和金牛座，弱宮為巨蟹座。

木星

有力：廟宮為自己主管的射手座和雙魚座，旺宮為巨蟹座。
無力：陷宮為雙子座和處女座，弱宮為摩羯座。

土星

有力：廟宮為自己主管的水瓶座和摩羯座，旺宮為天秤座。

無力：陷宮為獅子座和巨蟹座，弱宮為牡羊座。

　　這裡僅使用古典主管系統，所以木星主管雙魚座、火星主管天蠍座，而土星主管水瓶座。在這邏輯嚴格且容易記憶的模式中，外行星沒有主管星座。有些占星師不使用「入陷」（in detriment），改用「放逐」（exiled），但入陷似乎更貼近所要形容的狀況，因為行星應該擁有的正向能力不存在，等於受到嚴重的傷害。例如，當木星入陷時，意味著木星本來的正向能力很難發揮。

　　行星在星座位置上的廟、旺、陷、弱都是重要的尊貴與無力，分別說明行星的不同能力。另外，還有用元素分類的三種次要的尊貴位置。儘管不像在廟宮或旺宮那樣有力，行星位在與本身元素一致的星座[註1]，也擁有部分的力量。在古典占星學中，行星位在元素一致的星座被稱為三分性（triplicity），三分性是元素的另一種用詞。查看行星是否位於三分性很簡單。第一個步驟是檢查星盤為日間盤或夜間盤，如果太陽在地平線上方（象限第七宮到第十二宮）就是日間盤，如果太陽在地平線下方（象限第一宮到第六宮）就是夜間盤。確定之後，我們可以參照以下規則：

註1——此處係指三分性的尊貴位置，但其實僅有部分的行星性質，與其三分性位置的星座元素性質相同。

日間盤

太陽、金星、火星和土星如果座落在適當星座，可以得到額外的力量。

三分性的尊貴位置：太陽在火象星座、土星在風象星座、火星在水象星座、金星在土象星座。

夜間盤

木星、月亮、火星和水星如果座落在適當星座，可以得到額外的力量。

三分性的尊貴位置：木星在火象星座、水星在風象星座、火星在水象星座、月亮在土象星座。

另一個系統是每個元素配置三個行星。有些古典占星家認為都勒斯（Dorotheus of Sidon）提出的體系較佳，因為年代比較久遠，但在實務應用上無法證實，兩個主星（sign ruler）和三個主星的體系同樣古老。兩個主星的系統在占星的所有分支都能有效運用，且適用於醫學占星學。[註2]

此外除了三分性，還有更次要的尊貴：「界」（Term）與「外觀」（decanateo, face）。界與外觀可給予行星較少的

額外力量。界的判斷是將每個星座劃分成五個區間，每個區間會有一個行星在自己主管的界。外觀也是一樣，此處是將星座分成三個十度的區間。相較於其他的尊貴力量，這些次要尊貴能給予的力量少了許多，但有時還是很重要。

圖2是尊貴能力的列表。表中從左至右列出每個星座各項尊貴位置的主管行星。第一欄位是星座、第二欄位是廟主星、第三欄位是旺主星，旺主星欄位中的度數是行星旺宮度數。第四欄位是三分性主星（triplicity ruler）（左邊是日間盤主星，右邊是夜間盤主星）。

第五到九欄位是界主星（term ruler），而第十到十二欄位是外觀主星。每個外觀主星主管十度區間，所以也稱作旬星，最後兩欄是陷和弱宮的主星。

註2——西元一世紀占星名家都勒斯（Dorotheus of Sidon）使用的三分性主星，受到許多古典名家推行採用。如下表所示，三分性主星分為日夜間，各有主星代表，另外還有伴星（Partner），共同主管日夜三分性：

元素	星座	白天盤	夜間盤	伴星
火象	♈、♌、♐	☉	♃	♄
土象	♉、♍、♑	♀	☽	♂
風象	♊、♎、♒	♄	☿	♃
水象	♋、♏、♓	♀	♂	☽

兩個主星的系統少了伴星的項目。

■：註3

星座	廟	旺	三分性 日	三分性 夜	界					外觀			陷	弱
♈	♂ D	☉ 19	☉	♃	♃ 6	♀ 14	☿ 21	♂ 26	♄ 30	♂ 10	☉ 20	♀ 30	♀	♄
♉	♀ N	☽ 3	♀	☽	♀ 8	☿ 15	♃ 22	♄ 26	♂ 30	☿ 10	☽ 20	♄ 30	♂	
♊	☿ D	☊ 3	♄	☿	☿ 7	♃ 13	♀ 21	♄ 25	♂ 30	♃ 10	♂ 20	☉ 30	♃	
♋	☽ N/D	♃ 15	♂	♂	♂ 6	♃ 13	☿ 20	♀ 27	♄ 30	♀ 10	☿ 20	☽ 30	♄	♂
♌	☉ N/D		☉	♃	♄ 6	☿ 13	♀ 19	♃ 25	♂ 30	♄ 10	♃ 20	♂ 30	♄	
♍	☿ N	☿ 15	♀	☽	☿ 7	♀ 13	♃ 18	♄ 24	♂ 30	☉ 10	♀ 20	☿ 30	♃	♀
♎	♀ D	♄ 21	♄	☿	♄ 6	♀ 11	♃ 19	☿ 24	♂ 30	☽ 10	♄ 20	♃ 30	♂	☉
♏	♂ N		♂	♂	♂ 6	♃ 14	♀ 21	☿ 27	♄ 30	♂ 10	☉ 20	♀ 30	♀	☽
♐	♃ D	☋ 3	☉	♃	♃ 8	♀ 14	☿ 19	♄ 25	♂ 30	☿ 10	☽ 20	♄ 30	☿	
♑	♄ N	♂ 28	♀	☽	♀ 6	☿ 12	♃ 19	♂ 25	♄ 30	♃ 10	♂ 20	☉ 30	☽	♃
♒	♄ D		♄	☿	♄ 6	☿ 12	♀ 20	♃ 25	♂ 30	♀ 10	☿ 20	☽ 30	☉	
♓	♃ N	♀ 27	♂	♂	♀ 8	♃ 14	☿ 20	♂ 26	♄ 30	♄ 10	♃ 20	♂ 30	☿	☿

圖2｜行星必然尊貴和無力

　　以水星在金牛座九度的日間盤為例，水星會得到哪些尊貴？金牛座的主管行星是金星，旺宮在月亮，所以這兩個行星在金牛座得到很多正向能力。水星沒有得到廟或旺的尊貴，日間盤的土象星座三分性主星是金星，所以水星也沒有得到三分性的尊貴。但是水星在界得到尊貴，因為金牛座八度到十四度之間的界主星是水星，所以水星在這個界的區間得到了尊貴。金牛座的第一個十度區間也是水星主管，所以水星在此也得到外觀的尊貴。我們可以說，水星得到界和外觀的尊貴能力，雖然不多、但總比沒有

註3——中文版加註：反灰處與英文版不同，1) 界為土星20度應為26度，2) 雙魚座的陷宮為水星，此表格所列的界稱為托勒密所使用的迦勒底界（Chaldean Term），修正的參考資料來源：《The Book of Instructions in the Elements of the Art of Astrology》by Al Biruni，p.52

好，也比陷或弱所造成的無力要好得多。

　　另一種狀況為外來的（peregrine）。當一個行星沒有任何尊貴，既沒有正向能力、也沒有負面能力時，就是外來的。行星不在自己的廟宮、旺宮、三分性、界、外觀、陷或弱。外來指的是遊蕩，不壞也不好，只是沒有方向。這就是為何它往往沒有助益，因為沒有方向的行星很容易受到誘惑。常聽到因為行星沒有正向的尊貴，便將它描述為陷或弱**並且**是外來的，然而這是不正確的。行星位於負面的位置，明顯就是不好；但行星四處遊蕩、漂泊不定，跟置身惡劣的處境完全是兩回事，中性和崩壞不可能同時存在。在占星學中，邏輯思考十分重要。

　　我們也從吉星和凶星得到許多訊息。木星和金星是吉星，這兩個行星為我們帶來愉悅的影響，但只在它們擁有尊貴能力時；當它們失去尊貴能力，吉星的本質就被削弱。以木星入陷於處女座為例，此時木星不再被稱作吉星，行星無法展現正向能力，這是「偶然的」凶星。土星和火星按其本質被歸為凶星，易帶來令人不悅的影響。然而，如果凶星擁有尊貴能力，它們就可以擺脫凶星的特性，行星能力甚至可以發揮得不錯。剩下三個未討論的行

星（太陽、月亮、水星）也適用尊貴法則，但在這個面向，大致上可視為中性性質。它們擁有越多的尊貴能力，就會有越多的正向影響。

——偶然尊貴——

必然尊貴或行星能力的程度顯示行星的質量，或是行星如何純然地使自己受益。金星在天秤座可以全然做金星，具有必然尊貴的行星可以按本性表現自我。另一種尊貴稱為偶然尊貴（accidental dignity），與必然尊貴不同的是，它是指行星向外在世界展現能力的機會。關鍵不在於行星能否以自然天性運作，而是看它展現的影響力是強是弱。偶然尊貴評量的是數量，必然尊貴評估的是質量。我們可以用以下的簡單規則來評估偶然尊貴的等級：

強：行星落在尖軸宮位、十一宮、行星運行速度比平均運行速度快（非指土星[註4]）、順行、未與凶星形成緊密相位、在喜樂宮位（參見後文）、與吉恆星——角宿一（Spica）或軒轅十四（Regulus）——合相。

中：落在二、三、五或九宮。

註4——土星運行速度慢，快速運行會使土星力量減弱。

弱：與太陽形成對分相或合相（焦傷）；逆行（retrogradation）；落在六、八、十二宮；行星運行速度比平均運行速度慢（非指土星）；與凶星形成緊密相位；圍攻（位在兩個凶星之間）；在其喜樂宮位的對宮；與凶星大陵五（Algol）合相。

月亮減光的時候為弱，增光的時候為強。月亮在「燃燒之路」（via combusta）（天秤十五度到天蠍十五度），力量也是弱。

北交點是拓展和加強，合相北交點是有力的；但是，當患病原因與北交點這股膨脹力量合相則是不利。南交點會削弱或壓抑，多為負面。

喜樂（joy）是座落在「好」宮位的偶然尊貴，即行星感覺像在自己家般自在的宮位：水星在一宮、月亮在三宮、金星在五宮、火星在六宮、太陽在九宮、木星在十一宮，而土星在十二宮。行星位在喜樂的好位置，會有更多的能力向世界顯現自己。當行星位在其喜樂宮的對宮時，會因無法感到自在而力量變弱。

焦傷（combust）是指行星與太陽會合時，受到太陽非常嚴重的傷害。行星與太陽會合的容許度（orb）小於八

度三十分時，行星就受到太陽焦傷。假如行星與太陽會合的容許度在八度三十分到十七度三十分之間，稱為「太陽光束下」（under the Sun's beams），雖然艱難但不如焦傷那般險惡。行經太陽對面也會受太陽傷害，使用的容許度跟會合相同。當行星準確與太陽合相時，稱為「核心內」（cazimi），太陽會大大增強行星力量。核心區的容許度是十七分三十秒，這種情況並不常見。

行星逆行後轉順行是非常重要的階段，特別是在考慮預後的時候。若行星進入停滯（stationary）狀態，會變得虛弱而且易受傷害；行星在逆行一段時間後即將開始順行時，明顯不同於行星剛開始逆行的階段。逆行結束後的順行是身體恢復健康的徵象，個案可能很快就會好轉；然而行星開始逆行，是病情變得更糟的徵象。

最後，醫學占星中有一些重要的恆星。角宿一，在天秤座二十三度，有保護的意思，指向有利的結果。大陵五（Algol）（金牛座二十六度）極度險惡，跟心宿二（Antares）（射手座九度）、昂宿六（Alcyone）（金牛座二十九度）和東次將（Vindemiatrix）（天秤座十度）相似。大陵五只代表壞的結果；心宿二是死亡之星，代表週期結束；昂宿六意指

視覺障礙，而且結果並不樂觀；東次將是自我膨脹和高估
自己的力量，所以假如醫生或療程的代表因子落在這顆恆
星，不是什麼正面的徵象。最後是在雙子座九度的畢宿五
（Aldebaran），指向極其成功和新的開始。[註5]

　　恆星的重要性端看問題本身。關於眼疾手術的提問，
若當星盤中所有的恆星都指向眼盲（例如星雲），代表結果
為負面（見附錄A）。偶然尊貴系統可能更細膩精緻，但只
在本命盤才較為重要。對以卜卦盤為主的醫學占星而言，
不需要這樣細微的區別。多數的個案在前述的尊貴基礎
上，就可以清楚地分析星盤。

　　舉例來說，假設提問的關鍵器官是肝臟。醫學占星
的卜卦盤裡，肝臟歸在第五宮，我們假設五宮的宮主星
（house ruler）土星，落在下降點獅子座，即將開始逆行。
按照必然尊貴法則，土星入陷於獅子座，換句話說，肝臟
正處在劣勢之中。因為土星在下降點，跟上升點（身體）
對分相，所以下降點對健康有很大的影響。土星又即將逆
行，因此預期肝臟的狀況只會越來越糟。透過這個方法，
可以衡量代表器官有不利或正向的影響。[註6]

註5——此處的恆星黃道位置並非固定不變，恆星的位置會隨著回歸黃道的起點——春分點的移
　　　行，每年移動約50秒，每十年會移動8分。
註6——中文版加註：此例不可能會成立。如果五宮主為土星，則五宮應為摩羯或水瓶座，DSC
　　　與第五宮相距兩個宮位，可能是雙魚或牡羊座，絕不會是獅子座。

——容納——

容納（reception）在占星學中極為重要，它是指行星之間的相互作用，不論是互相傷害或是協助。我們需要用必然尊貴的表格評估彼此的關聯，在此舉例示範如何運用。假設個案詢問病情，而水星牡羊座是造成生病的原因，與水星牡羊有著最重要容納關係的行星之狀態，將會主導這個星盤的分析，並顯現病情對身體造成的影響。

分析容納的通則是，行星對星座的廟旺主星會產生正向有力的影響，對其陷弱行星則有負向無力的影響。所以在牡羊座的水星，對於金星（牡羊座的陷宮行星）和土星（牡羊座的弱宮行星）有負向的影響；對於火星（牡羊座的廟宮主星）和太陽（牡羊座的旺宮主星）有正向的影響。本書中，我們著重在醫學占星與疾病根源，因此會特別重視負向容納[註7]。行星間的容納關係會顯示疾病在身體哪些部位產生；若問題是診療或手術是否有好的結果，正向容納也很重要，代表診療或手術對生病的部位將會有好的影響。

註7——中文版加註：負向容納的定義，是由約翰·弗勞利把散見於古典資料的概念，而發展出的判斷方法。

　　透過容納交織而來的網狀關係，可以系統地繪製出所有相關代表因子的關聯性，有的事物重要而且相當關鍵，不容忽視。在多數的個案中，我們可以限定自己只看最有力的容納，例如弱、陷、廟、旺。有時，三分性主星在某些事物也顯得重要；但界和外觀等次要尊貴的容納，在醫學卜卦占星中幾乎沒有重要性。

──**行星與體液說**──

　　除了星座，行星也具有體液性質。這是我們實務判斷所需的最後一個理論基礎。以體液說來區分行星，與星座和行星的組合有關，也是占星學的精華所在。星座所描繪的是宇宙賦予的普遍性能量，但行星才是形塑能量，讓其在世界上真實存在的動力。

　　在某種意義上，行星和星座是由同樣的物質形成，但行星用更堅固、活躍和特定的形式代表元素能量。我們討論過占星解剖學，提到行星代表身體內的各種能量，只是以器官功能的方式存在。它們具有以下的體液性質：

火象行星太陽和火星是熱和乾。

水象行星月亮和金星是冷和濕。

土象行星土星和水星是冷和乾。

風象行星木星是熱和濕。

由於醫學占星建基在熱冷乾濕之間的對比，行星性質的判斷就顯得至關重要。行星之間的力量差異：土星比水星更冷和乾、月亮比金星更冷和濕、火星比太陽更熱和乾。

這個理論中唯一稍顯怪異的是具彈性且活躍的水星，卻有著冷和乾的性質。唯有濕才能產生連結，所以水星的乾是因為它沒有真正的連結；水星移動快速，所以它的連結是稍縱即逝。水星是冷的，不像火星帶有能量，只有傳導的功能。水星可以架起聯絡網，但也僅止於此。

現在我們具備所需的一切基本知識，有能力做出判斷了。

——判斷方法——

我們先來看看提出一個醫學問題後，實際上會發生什麼。個案藉由電子郵件、電話或信件描述他的問題，問題

如何傳達給占星師當然並不重要,但是在占星師理解問題的那一刻,問題便「誕生了」,接著我們可以繪製出一張星盤。

在多數醫學提問中最重要的是什麼?個案通常想知道自己的身體出了什麼問題,造成他受傷生病的原因是什麼。在卜卦盤裡,身體是問題中最重要的因素,也就是一宮的宮主星。儘管常聽到一定要分析疾病宮、也就是六宮主星,但是卜卦醫學問題不需要看第六宮,這就是卜卦占星學的本質。關於疾病的卜卦盤會清楚勾畫出身體的不適、傷害身體的疾病力道,以及病情的後續發展。卜卦盤就可以呈現完整的病程,不需要用一個特定的宮位說明病情。卜卦占星的最大優點,是完整地呈現問事人當下的特定狀況。

六宮主星在兩種星盤都扮演要角,但兩者之間有很大的不同。首先,本命盤描繪的是生命的所有面向,在本命盤中,六宮與其宮主星顯示個人的疾病傾向,關於這點會在第十二章討論,這些知識可用來提出預防措施的建議。跟卜卦盤最大的不同處在於,本命盤涵蓋的是整個生命歷程,身體的病痛僅是其中一部分。我們不能只用本命盤的

一宮主星代表生病的身體，因為本命盤不是為了醫學問題而存在。

再者，疾運盤（decumbiture chart）的六宮確實重要，拉丁文中decumbere 的意思是躺下，疾運盤時間的起點就是病人不堪負荷而病倒的那一刻，這就是疾病的開始，是疾病的「誕生」。這張盤是一張事件盤，沒有對特定狀況提問。因此，我們要查看六宮主星，假設在病人倒下那刻的六宮主星跟月亮或太陽對沖、或位在一宮主星的對宮，都可能是判斷的重要訊息。

分辨卜卦盤跟疾運盤的不同相當重要，因為兩者的分析方式相去甚遠。很多古典占星學者、甚至卜卦占星的名家威廉・利里（William Lilly）都將兩種星盤混為一談，結果是一場混亂。古代文獻的例子大多是疾運盤，但用來分析疾運盤的方法不能用在卜卦盤。古代文獻中的疾運盤所強調的內容，與當時執業醫學占星師的專業有關。根據疾運盤可以計算出所謂的「十六宮位圖」（figure of sixteen houses）。在十六宮位圖中，醫生／占星師能判讀適合施以治療的時機，也可以預測何時會發生危急狀況。然而，現代占星師不再用這樣的方式判斷病情，現在大部分的病

例都是急症，而且接受現代醫師的治療。此外，很多病人
也不知道病倒的時間，因為他們根本不會注意。醫學占星
諮詢的本質有了變化，所以疾運盤變得不重要（不過原則上
仍然可以使用十六宮位圖）。

十六宮位圖的計算方式是以月亮的運行為基準，按照
因病躺下的時間跟月亮運行形成刑、沖、再次會合的相位
繪製而成，是病情發展的架構。假如一百八十度的星盤呈
現出正面的徵象，表示兩個星期後可以痊癒，這段期間能
投以最強效的治療。占星學者總是隨著病情的變化靈活應
變。除了九十度盤（有效期一周），我們還有四十五度盤
（有效期半周）與二十二度三十分盤（有效期少於二日）。
這些額外的星盤提供更多病情發展的訊息，它們可以標示
高燒出現的時間（例如火星在上升點），或者進行降低體溫
療程的適當時機。十六宮位圖僅提供時間選擇和治療方式
調整的參考，疾運盤則是用來做判斷和擬定療程計劃。

有件事值得一提，我們或許讀過，有些星盤的起算時
間點是僕人或家人將病人的尿液送到達目的地的那一刻。
以前的醫生會藉由分析尿液顏色，提供引發疾病的體液相
關訊息，如果尿液是紅色，我們懷疑可能是黃膽汁或火元

素過多。當僕人帶著一瓶尿液到占星師—醫生家時，等於暗示他的主人想問：「我身體怎麼了？」因此，尿液被帶到目的地的那一刻，可以作為起盤的時間，但還是要跟疾運盤徹底區分清楚。

——分析——

現在我們不必再費心疾運盤和「僕人將主人尿液送達」的星盤。今日的古典醫學占星只用醫學卜卦，尿罐也不會再送到占星師的門階。雖然總有更為複雜且具挑戰的案例出現，但是大部分的醫學卜卦很簡單。我們可以使用以下的方法。首先，要界定卜卦盤的一宮主星，這代表問事人生病的身體。接著比較主星跟主星所在星座的體液本質，假如身體是水星在牡羊座，代表冷和乾的水星位於熱和乾的星座。

如果一宮主星的體液本質跟所在星座的體液本質不同，一宮主星就是處在一個不自在的環境，那就是他不舒服（生病）的原因。因為星座只是行星的背景，所以我們要看一宮主星所在星座的定位星（dispositor）。定位星是生

病的原因，一宮主星的定位星對身體有更多的影響力。因此，若水星是一宮主星在牡羊座，火星所在的星座則是生病的原因。

假如水星的定位星火星位在巨蟹座，我們以它作為生病的原因：行星所在的星座位置會揭示病情。下一個通則是，一宮主星的定位星所在星座，可以標示出體內哪一個體液或元素處於過多的狀態。火星位在水象星座的巨蟹座，可以認定水元素是問題的根本，過多的黏液質是疾病原因。

行星當然也很重要。雖然星座是背景，但就更深入的層次而言，星座確實會影響行星。以火星在巨蟹座為例，這表示來自巨蟹座的過多黏液質已干擾火星的戰鬥能量。狀態不平衡的火星是問題的一部分，也是疾病模式的一部分，例如皮膚可能有紅灼症狀，但這些症狀並不代表這是個火元素疾病。

理查・薩德爾斯（Richard Saunders）在1677年出版的《占星學的醫學判斷和實務》（*Astrological Judgement and Practice of Physick*），對於做出睿智的判斷有極大價值。這本書是貨真價實的醫學知識百寶箱，實務上也非常實用。

《占星學的醫學判斷和實務》有三個部分，第一部分是通論，講述傳統醫學和古典醫學占星。在第二部分中，薩德爾斯描述所有行星位置會出現的症狀模式，在判斷實務上相當具有參考價值。在火星疾病的章節有寫到火星在巨蟹座，薩德爾斯說，疾病的主要原因是黏液質過多、或來自水象巨蟹座的濕。他提到的第二個原因是來自火元素火星的火或黃膽汁，儘管病症會以發炎的症狀出現，但更深層的因素是黏液質過多。

看完薩德爾斯的病因列表，我們可以在第三部分找到療癒方法。薩德爾斯列出對應行星位置的香草植物表單，列出單一香草植物或混合數種香草植物。在當時，需要繁複處理的香草植物必須由香草植物專家炮製，病人可以直接向他們購買。現在已經找不到傳統香草植物專家，那些香草植物也不容易準備，所以我們不再沿用傳統方法，但是經常提及的簡單方法，實務上往往最具成效。

以行星位置來說，薩德爾斯不單就體液過多提出原因，也點出問題的嚴重性。傳統上將嚴重程度劃為四個等級。第一等級是輕度的困擾不適；嚴重程度到達第二和第三等級時，已經構成問題；到達第四等級時，疾病通常已

無法治癒或證明確實致命。體液被擾亂的嚴重等級，隨著回歸黃道十二星座的順序而增加，所以行星在牡羊座被認為是輕度的黃膽汁過多，同一個行星在獅子座則表示問題嚴重，座落在射手座就是致命的疾病或很難醫治。這個標準同樣適用在其他三種體液，所以雙魚座比巨蟹座有更多的黏液質。結合卜卦盤與薩爾德斯的著作，我們可以對有效的療程做出可靠的判斷和建議。

──實際案例：關節炎──

我們用一個實際的例子，說明如何在實務中應用理論知識。個案罹患關節炎已有一段時間，想知道除了正規醫學，還能做些什麼（圖3）。

關節炎發作的位置在某個腳趾頭，發作時行走非常困難。個案的醫生開出的處方是止痛藥和抗發炎藥，對付個案的症狀很有效，但關節炎還是一再復發。按照前述方法按部就班分析星盤的問題，代表問事人身體的是一宮主星，在這個案例中，上升點是天秤座，金星是一宮主星。金星是冷和濕的行星，但位在熱和乾的獅子

座，這就是造成不舒服的原因。再看看獅子座的主管行
星太陽，太陽位在處女座，行星與所在星座的結合就是
關節炎發生的原因。

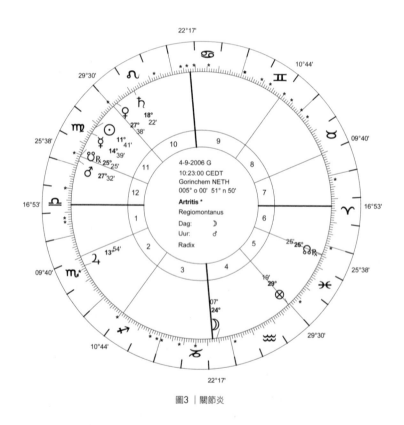

圖3│關節炎

　　處女座為土象星座，太陽在處女座顯示黑膽汁過多。過多的黑膽汁擾亂了太陽的行星能量狀態。黑膽汁裡混有來自熱和乾的太陽的黃膽汁，太陽不是疾病最深層的病源──黑膽汁過多才是，但這只是生病的部分原因。薩爾德斯說，這種配置是第二等級的冷加上第三等級的乾，問題雖然嚴重，但是可以治癒。此外，薩爾德斯寫道，它會引起筋骨僵硬。這點並不完全正確，但是冷或乾造成的筋骨僵硬，的確是關節炎顯現在外的現象。

　　根據這個描述，我們可以用一個清晰的圖像想像發生什麼。關節太乾所以幾乎沒有水分，水分為潤滑所需，沒有水分就會有摩擦，關節炎像是表面乾燥的銼刀跟刮痕相互摩擦後產生了熱。這正是星盤揭示的圖像：冷和乾的黑膽汁是最深層的原因，導致摩擦和熱的炎症症狀。所以更應療癒的是深藏的病因，也就是第二病因：不平衡的熱與乾的太陽能量。本書的第三部會談到療癒方法，在此先不討論。

　　用先前談到的論斷技巧看這張卜卦盤，可以清楚看到火星位在十二宮宮始點，所有跟宮始點行星相關的資訊都非常重要。解剖學上十二宮代表的是足部，現實狀況的問

題就是出現在腳趾頭。發炎症狀更是熾熱火星的表徵。然而，最重要的是清楚辨明導致整個人體系統深層不平衡的原因：黑膽汁過多。

太陽在處女座，緊鄰太陽的水星明顯涉入其中。水星受到太陽焦傷，而太陽位在水星的星座，所以水星雖然不是生病的原因，但具有相當的關聯性。水星主管象徵雙腳的十二宮，是另一個足部發生問題的徵象。你也可以分析十宮和十宮主星代表的療癒方式和有效性的強度，這是醫生按照症狀做出的治療方式，**而不是**按照個案的個別狀況應給予的治療。在這張卜卦盤中，月亮入陷在摩羯座，能力不佳，對病情毫無幫助，所以關節炎才會一直復發。十宮主星位在冷和乾的摩羯座，顯示處方的本質是冷和乾。

止痛藥和抗消炎藥有冷和乾的作用，因此這樣的治療方式為冷和乾的身體帶來更多的冷和乾。雖然發炎症狀很快就消失，但深層病因的不平衡狀態會更嚴重。我們越來越常看到個案在服用止痛藥或消炎藥的同時也讓疾病持續存在，每當症狀再次出現，就會再被抑制，而藥物使身體變得越來越冷和乾。最後，過多的黑膽汁終將演變成更嚴重的疾病。

　　傳統療法在這種情況下成功地解決問題，關節炎沒有再復發。

　　有時的確必須優先解除症狀。在這個個案中想要減緩疼痛的發炎症狀，一些只作用在特定紅腫部位、卻不會干擾身體的自然療法，可以幫忙做到這點。最優雅的工具是水晶，我們在第九章會進一步討論。以關節炎發作為例，可以在皮膚上擺放綠玉髓或石榴石來舒緩，疼痛和炎症狀會迅速減輕。

　　假如我們知道疾病更深層的原因，就可以在療癒時採取結合身體、心理和靈性層面的全面性療程計畫。療癒計畫涵蓋飲食、香草植物茶、絲別結精露、香草植物酊劑、水晶、改變生活方式、心理和靈性因素，這些全都有助於病情的發展。本書的第三部將有更多這方面的討論。

──黃膽汁和甲狀腺──

　　儘管黑膽汁是最具傷害性的體液，但其他三種體液同樣也會帶來問題。在這個例子中，問題不在黑膽汁而是黃膽汁（圖4）。這是針對最近發展的急性骨質疏鬆症的療

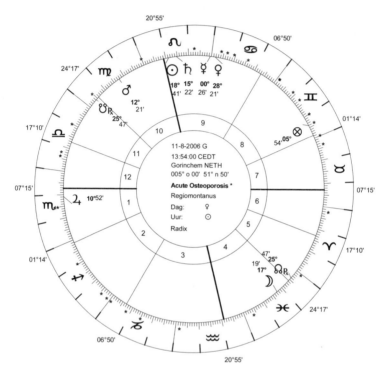

圖4│急性骨質疏鬆症

法，醫生的做法是摘除機能亢進的甲狀腺，因為亢進的甲
狀腺會使骨質流失的速度加快。這張卜卦盤同樣清楚地顯
示整個醫學狀況，我們將遵照醫學占星分析的標準方法操
作。一宮主星是火星，是身體的代表因子。熱和乾的火星

位在冷和乾的處女座，所以個案感到不舒服，這個位置和定位星可以看出生病的原因，換句話說，定位星跟它所在的星座位置就是疾病本身。水星位在熱和乾的獅子座，也就是熱和乾的黃膽汁，所以造成這個疾病的是火元素過多。

火元素加速了身體疾病的進程，在這個案例中就是甲狀腺機能亢進症，非常符合黃膽汁過多的推論。很明顯地，水星才剛進入熱和乾的獅子座，表示骨質流失的速度最近才加快。我們也不可忽視水星在天頂附近會合太陽和土星，土星通常是骨骼的代表因子，位在天頂則顯得更為重要。

危害骨骼的行星可能會提供額外的疾病訊息，所以我們回頭看看水星所在的獅子座，土星也入陷在此，我們可以說水星容納了入陷的土星。實際的影響是，任何位在獅子座的行星都會傷害土星。這就是我們運用負向容納的方法：在一個星座裡，行星會傷害其陷宮或弱宮行星。疾病的原因相當明顯，獅子座的水星傷害了土星——骨骼。

位在天頂的入廟太陽還扮演一個角色。太陽跟土星合相、焦傷，在土星陷宮成負向容納，太陽對骨頭的狀況帶來不利的影響。太陽是十宮主星，十宮是給予藥物或療

程，所以藥物在這裡無法產生作用。

解決方法是將造成整體問題的火元素逐出。正確的方法是用冷和濕的食物以及藥草導引火元素離開身體。嚴重的甲狀腺機能亢進症，可以用貼近皮膚的方式配戴水晶或萊茵石項鍊治療，如果可以，個案應該考慮停止用藥。卜卦盤也顯示手術並不是好方法，因為可能使病況更糟糕。我們在第十章會討論如何處理療程和手術的問題。

——特殊狀況——

多數的醫學卜卦盤可依照前述的方法分析，並且提出有效的療程建議。然而，某些特殊狀況無法適用標準方法。特殊狀況有兩大類別：一宮主星所在星座跟宮主星體液一致，以及一宮主星主管所在星座。第一個類別以水星在摩羯座為例，冷和乾的行星在冷和乾的星座，身體變不平衡的原因不一定是摩羯座的主管行星土星帶來的。這樣的狀況，要從卜卦盤裡的一宮主星進一步找出傷害身體的行星。

可能的情況有：即將離開與一宮主星形成凶相位的行

星、負向容納一宮主星的行星、月亮剛離相位的行星、卜
卦盤中位置最高的行星、位在尖軸宮的行星，或者是一宮
主星的定位星（特別是必然無力）或一宮主星本身（特別是
在逆行時）。當一宮主星受到太陽焦傷，太陽就會傷害身
體，也是疾病的原因。有時必須花時間探究卜卦盤，但多
數原因可以用這個方法得到驗證。月亮正要離開因負向容
納一宮主而受到傷害的行星，就是極具辨識度的例子，卜
卦盤可以指出問題所在。聽起來或許有點複雜，但在實際
運用上，這些額外的技巧可以在疾病原因判定上給予清楚
的指示。

　　不能使用標準方法的第二類特殊狀況是，一宮主星位
在自己的星座。以金星在天秤座為例，金星是天秤座的定
位星，事實上一宮主星可能就是疾病的原因。然而就像
前一個卜卦盤，我們需要從凶相位的形成、月亮最近的相
位、負向容納與焦傷找出其他的可能原因。假如沒有發現
任何其他行星造成疾病的跡象，一宮主星就同時代表身體
和疾病。如果逆行或星座跟一宮主星的體液質不同就更有
可能產生疾病，例如熱和乾的火星位在濕和冷的天蠍座。

　　在醫學卜卦中，月亮只居第二重要的位置。月亮顯現

的是問事人情感上關注的焦點，而不是身體出現的狀況，所以一宮主星才是最重要的因素。然而，月亮即將形成的相位，可以提供症狀或其他事項的額外訊息，在整個病情發展中扮演重要角色。但月亮本身並不會顯現真正的深層原因。醫學卜卦盤跟「正常」卜卦盤不同，在一般的卜卦盤裡，月亮被作為問事人的共同代表因子。

接下來是無法適用標準方法的複雜案例，問題是關於多發性硬化症的可能療癒方法（圖5）。這個個案被診斷出多發性硬化症，但傳統醫學的判斷結果是體液過多。一宮主星水星在處女座逆行，清楚顯現出疾病的樣貌：水星是神經系統的代表因子，因為逆行，以至於水星功能無法充分發揮。水星所在的處女座是非常冷和乾的星座，一宮主星位在與它體液相容的主管星座。

我們必須查看另一個原因。水星旁邊是太陽，所以水星被焦傷所傷害，太陽可能是疾病，但因為焦傷發生在水星主管的星座，所以不是很容易看到傷害，它更像是互容（mutual reception）[註8]。這是因為水星同時入廟和入旺於處女座，能力比太陽強許多，可以減少焦傷帶來的負面影響。也就是說，太陽不是疾病的原因，因為它對水星

註8——中文版加註：此處原文的互容與一般定義不同，所謂互容係指有相位關係的兩行星在彼此主管位置上。此例同在處女座的水星容納了太陽。

圖5｜多發性硬化症

沒有造成負面影響。這張卜卦盤找不到其他原因，這個疾病就在水星處女座，神經系統功能低下是因為太多的冷和乾，這也為多發性硬化症的狀況提供一個相當鮮明的畫面。

還有一種例外，無法用標準或非標準的方法分析。在

占星學裡，不是每件事都可以用僵化的規則定義，宇宙不是一台機械電腦，它是一個有生命的有機體。即使我們先前說過占星學完全合乎邏輯，但邏輯和機械是不同的兩件事。邏輯的意思是在基礎原理上理解。

在此以行星通過星座界限為例，解釋「有機體邏輯」的概念。假設提問關於慢性病，行星所在的星座是疾病的原因，剛進入新星座的行星不可能是疾病的原因。慢性病的發展需要一段時間，所以原因應該是出在行星之前所待的星座，也就是才剛離開的那個星座。記得永遠保持彈性，同時確認星盤是否反應現狀。

chapter 5

不平衡的能量狀態
An imbalance of energy

———**預後**———

　　以卜卦盤為基準做出的判斷和療程建議，通常是解讀星盤的最重要部分，但也不全然如此，有時預後的推估更為關鍵。在我執業過程中有個特殊案例，個案患有克隆氏症，也就是嚴重的大腸慢性發炎疾病。醫生建議手術治療，但問事人心存疑慮來詢問我，接下來幾個月的狀況會是如何，真的有必要動手術嗎？

　　卜卦盤中，代表問事人的是逆行的水星，這在意料之中，因為個案病得非常嚴重，而且逆行是嚴重受剋（affliction）。然而水星正在減速，即將再次順行，隨即更將遠離焦傷。因此可以預期，個案的病況會有大幅改善。如果可以，等待是明智之舉，觀察病情是否有所進展。三

個月過後，問事人沒有動手術，身體也完全康復。

這張卜卦盤的預後推估是主要重點，代表身體的一宮主星在卜卦盤的移動軌跡，是我們能預測可靠預後的最重要因素之一。卜卦盤依照個案狀況推測的預後相當關鍵！假設有人飽受偏頭痛之苦，而一宮主星即將跟疾病原因形成相位，病人的狀況會變得更糟，但只發生在沒有接受治療的狀況下。

卜卦盤顯示事情的原貌，也顯示在沒有任何外力介入下，事情將如何發展。當然，如果問題很明確是關於手術或療程的效果，卜卦盤就不會這樣呈現。假如我們接受手術或治療，卜卦盤會顯示之後發生的事。事實上問題是：如果我這麼做，接下來會發生什麼事？ 一如既往，在卜卦占星中確切了解提出的問題內容，是正確詮釋卜卦盤的關鍵。如果你可以清楚理解問題，你就已經完成一半的解讀。

假設問題跟疾病相關，可以從一宮主星和其他相關因子預測病情的發展。假如一宮主星跟疾病原因或可能傷害一宮主星的行星有相位，病情的控制就不理想。一宮主星將要進入陷或弱的星座也是不好的徵象，至於越來越靠近太陽的焦傷或轉向逆行，則象徵病情越發嚴重。關於預

後，另一個非常重要的因素是疾病原因所在星座的本質，啟動星座意味著病情會發展迅速、變動星座要面對的是反覆發作的問題，而固定星座則代表難以撼動的痼疾。

　　然而，查明體液平衡狀態被擾動的嚴重程度也很重要。薩德爾斯的書裡提到，行星位置可以確認被擾動的程度。從位在黃道帶開端的牡羊座代表第一等級輕微擾動，到可能嚴重到無法治癒的末端雙魚座不一而足。卜卦占星在使用這些等級時，清楚了解個案的病情發展也一樣重要。假如病患罹患的慢性病是像第三等級的多發性硬化症，確實是很嚴重的問題；但如果我們討論的是第四等級的頭痛，代表這是非常嚴重的頭痛，但不至於致命。

　　這門知識能以非常精確的方式，用在前一章關於急性骨質疏鬆症的問題（圖4）。疾病的原因是水星在獅子座，固定星座不是好徵象，因為病情膠著，需要時間才能治癒。薩德爾斯認定這個情況是第一等級的乾和第二等級的熱。雖然疾病位在固定星座，但體液平衡狀態被干擾的程度並不嚴重，使用效用溫和的香草植物和簡單的療程就可以改善病情，對於個案有鼓舞作用。另外還有一個正面的徵象，卜卦盤中一宮主星火星未來不會與任何行星形成傷害的相位。

　　唯一看起來不妙的是，代表疾病原因的行星會跟甲狀腺的代表因子，也就是二宮主星形成九十度的相位，過多的熱和乾會造成器官過度活躍。甲狀腺是唯一位在喉嚨的腺體，二宮又主管喉嚨的部位，所以也主管甲狀腺。若已經出現問題的器官又與疾病的根源連結，病情將更不樂觀，所以我們必須盡快採取挽救甲狀腺的措施。根據占星學的分析，可以在喉嚨的位置擺放水晶，並且喝一些冷和濕的茶飲。

——應期——

　　應期是由黃道星座度數計算而來。前述個案水星再移行約十二度，就會跟代表甲狀腺的二宮主星形成九十度的相位，所以我們可以預期，甲狀腺的問題會在十二周或三個月後出現狀況。果宮（像是九宮）代表短暫的時間單位，固定星座是長期的時間單位，所以每一度我們要採用的是不長也不短的時間單位。根據疾病的本質與病情發展，一度代表一天顯得太短、代表一個月則太長，所以一度代表一星期是最合理的時間單位。

我們可藉由這個一般通則，分析病情的發展，例如觀察行星（多數情況是一宮主星）行經路線即將形成凶相位，位在星座末度數或是被太陽焦傷。代表因子的度數也會記入，直到它到達星曆表上的位置，一度代表一個單位。只不過，無法肯定單位／度代表的是小時、天、週、月或年，要進一步評估代表因子的位置（入相位行星）才能確定。

第一個參考因素是星座：固定星座代表長期時間單位、變動星座是中期時間單位，而啟動星座是短期時間單位。第二個考慮因素是宮位配置：醫學占星中尖軸宮的位置通常意指長期時間單位、續宮是中期時間單位，而果宮是短期時間單位。藉由這種方法，我們可以知道僅當星座與宮位兩個因素以長期—長期或短期—短期組合在一起時才不是「中期」，因此我們更有可能使用中期時間單位，多數情況是從問題的來龍去脈，確定用哪個時間單位。

這個方法在實務操作上得到驗證，也就是說，現代用「始宮」（cardinal house）稱呼尖軸宮（angular houses）是錯誤的。尖軸宮類比為固定星座，都是指長時間單位，

尖軸宮是固定的，因為它們代表世俗物質顯化時的緩慢過程；固定星座是物質顯化的星座；啟動星座是依據直覺的快速移動；變動星座與續宮相關聯，續宮緊隨物質顯化之後，事物從中返回它們最初的源頭。所以果宮類比為快速移動的啟動星座，續宮類比為變動星座的中期時間單位。

在非醫學的卜卦盤中，這種方法有時會被修正，因為代表因子在尖軸宮較為活躍。假如卜卦盤顯示尖軸宮的行星被容納，此時尖軸宮代表短時間單位。這在醫學卜卦中幾乎無關緊要，因為病情發展不會那麼容易只靠行動發想和意念就受影響，疾病有自己的發展步調。在醫學卜卦占星中，我們可以放心地假設尖軸宮指的是長時間單位。

良好的預後，必須考慮幾個因素，其中一宮主星（身體狀況）的狀態最為重要。如果一宮主星跟凶星形成相位、進入焦傷、逆行，或是進入弱宮或陷宮的星座而走向惡化，就是具有傷害的徵象。除了一宮主星的狀態，疾病代表因子的星座本質（變動、啟動或固定）和體液失衡的等級也應該一併考慮。從以下兩個例子的討論，可以看出實務上該如何操作。

——案例：乾癬——

個案長期患有乾癬，提問原因是狀況再次惡化。依照我們的標準方法，要先找出一宮主星的位置，在這張卜卦盤裡是水星在天蠍座（圖6）。水星是冷和乾的行星位在冷和濕的水象星座，所以水星在天蠍座並不舒適。此時水星的定位星為疾病的原因。天蠍座的主星火星位在固定的水象星座，所以固定且為水象的天蠍座是疾病的深層原因。

在薩德爾斯的名著中，將這個冷和濕的行星位置判斷為第二等級。「……惡臭濃稠的黏液質和伴隨炎熱黃膽汁的水元素是疾病原因，黏液質是疾病主導者……」這裡指的是固定性質的黏液被困在身體裡，因為星座通常是疾病的主要原因，極度熱和乾的紅熱黃膽汁則來自火星。他更進一步指出，這會導致從幼童到老年人都有可能感染的小痘皰（Small Pox）。古老傳統醫學的用詞比現代醫學詞彙（Small Pox＝天花）更適切，小痘皰不僅指特定疾病，也包括許多皮膚的紅熱症狀。

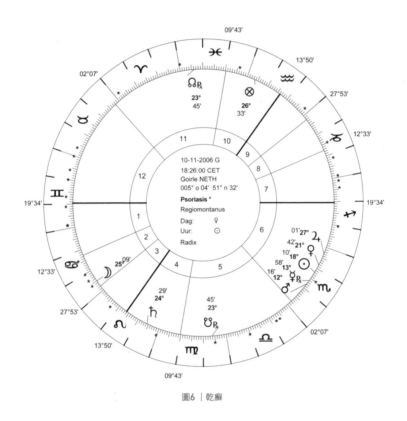

圖6 | 乾癬

　　僅依靠醫學卜卦盤與這本1677年出版的書籍，卻能
產出如此正確的判斷，著實會讓人雀躍不已。傳統醫學
在各方面依然如此令人折服，卻因為現代文明擺出理性
主義的高姿態，傳統醫學只好被棄置一旁。卜卦盤總是

反映出問題的真實情況，從這個例子便可以清楚看到。
提問的原因是病情慢慢惡化，我們可以看到一宮主星（身
體）才剛離開跟太陽的合相，繼續往病因火星前進，看起
來不太樂觀。處在不好狀態——逆行和焦傷——的身體，
很快就要走向疾病的根源。行星像這樣處在兩個凶星之
間稱為被圍攻。

在此，皮膚很顯然是問題所在，此時也要檢視皮膚的
代表因子土星。土星確實處在很惡劣的狀況，它入陷於熱
和乾的獅子座。提問不久前，病因火星與土星的映點金牛
座六度成對分相。從巨蟹座零度到摩羯座零度劃出一條軸
線，行星位在相對映軸線的位置就是映點（antiscion）。在
卜卦盤中，與映點形成合相或對分相都必須列入參考。在
這張卜卦盤裡，疾病的原因透過映點跟皮膚展開連結，由
此便足以說明。

所有代表因子都在固定星座，顯示這是根深蒂固的問
題，已經持續一段時間。幸好，根據薩德爾斯的方法，行
星所在星座被判斷為第二等級的失衡，病情相對溫和且絕
對可被治癒。透過這個方法，我們可以推估預後，也能從
相關代表因子的移動，看到提問前發生的事。根據卜卦盤

擬定的飲食計畫和香草植物茶等處方都見成效，乾癬很快地開始消退，體力也很明顯地恢復。

　　這個例子顯示出卜卦盤的必要性。疾病的根源是濕和冷，不過令人訝異的是，我們看到的是熱和乾的症狀，或許你會因此認為原因是過多的火元素，雖然它是疾病顯現在外最清楚可見的部分，但它不是最深層的因素。熱和乾的火星是描繪疾病的行星，火星導致了火熱的症狀，但不平衡狀況一直持續的更深層原因則是冷和濕的星座——天蠍座的固定水元素。療癒的目標要放在移除過多的黏液質。

　　這點說明要考慮火星在天蠍座的意義，這樣的星座告訴我們什麼呢？這個代表疾病的位置有什麼意義呢？

　　卜卦盤顯示，由於系統中水元素過多，火星果決的戰鬥力無法充分發揮，如同看到戰士跌在水裡，只要把水處理掉，他又可以戰鬥。行星所呈現的徵象也能從病人的行為觀察到：強烈自信的火星能量，最後變成精疲力竭又無法成眠的黏液質。在水底戰鬥會耗盡大量的能量，這些現象都指向火星力量失去平衡，無法運作之因是水元素過多。

　　由此顯示占星學的類象涵蓋範圍廣泛。不平衡的火星

力量代表人體不同層次的疾病，不僅只有肉體層面，心理狀況也是其中一部分。身體跟心理緊密相連，兩者毫無縫隙地彼此流動並交互影響。悲傷也會引發過多的黏液質，未流出的淚水和讓人沮喪的經歷，再加上錯誤的飲食模式，就會導致像我們現在所討論的疾病。

　　食物、香草植物和生活型態對心理有很重要的影響，而心理狀態確實會影響體液平衡與否。心理不會孤立地自成一體，按嚴格的字義來說，精神病學或心理疾病是不存在的。體液的失衡在心理層面的表現最明顯，這類疾病跟身體的疾病一樣可以透過改變飲食、香草植物、水晶和精油達到療癒的效果。我聽說過馬鈴薯對預防思覺失調症（psychosis）復發有很好的效果。

　　這張卜卦盤最後的亮點是，位在自己星座的火星力量很強大。可惜的是，這不會帶來正面的意義，因為星盤顯示這顆行星所在位置是疾病的原因，並且必然尊貴不列入判斷。醫學占星的判斷內容，主要是熱／冷與乾／濕；即便像大吉星木星，在雙魚座都可能導致嚴重的黏液質疾病，因為雙魚座代表黏液質過多。在醫學占星中，尊貴力量主要用於評估器官的狀態：當五宮主星入弱，代表肝臟

狀況不佳。它也在制定療程計劃中扮演一定的角色，我們
將會在後面的章節談到。

——案例：急性腹痛——

　　個案有消化方面的問題，食物沒辦法在胃中停留，因
此體重明顯減輕。在這張卜卦盤裡（圖7），一宮主星是火
星，熱和乾的火星位在熱和濕的天秤座，一宮主星的性質
跟所在星座不一致，所以位在天秤的金星——火星的定位
星——是疾病的原因。薩爾德斯對於金星在天秤座的形容
是「腹部的疼痛與痙攣」，更進一步形容症狀就像是「……
一股氣在身體裡上下竄動，有時在腸子、有時跑到胃，還
有時在左側短肋骨下方，伴有非常劇烈的疼痛……」這就是
所謂的急性腹痛，消化道阻塞導致嘔吐。我們再次看到這
般適切的描述出現在數世紀以前的著作，資料來源比1677
年的出版年份更久遠。

　　金星位在歸類為血液質的風元素星座天秤座，所以過
多的血液質是問題的核心原因。太多的血液質意味著與其
相對的體液不足，也就是欠缺土元素或黑膽汁。黑膽汁

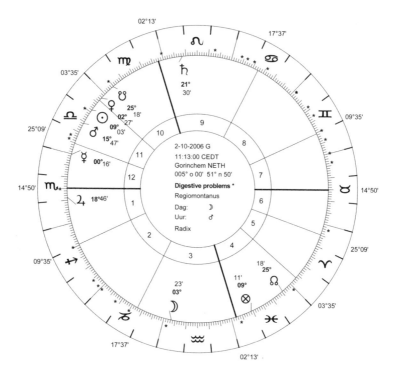

圖7│消化問題

可以把我們吃進肚子的食物保留、等待消化,但是在這個
案例中,過多的風元素逼迫尚未消化的食物疾速通過消化
道,結果導致嘔吐或「腹部絞痛」。血液質四處流動,以至
於食物無法被充分消化。

　　位在宮始點（Cusp）的行星值得特別留意，此處的金星非常接近十一宮始點，與代表肝臟的五宮始點對分。金星又與入陷的火星同在天秤座，金星容納了入陷的火星，所以傷害了肝臟。火星主管的五宮面臨極端險惡的狀況，所以肝臟的病況肯定相當重要，我們必須提出改善肝功能的療程計畫。宮位的相關代表因子能提供更多訊息，幫助瞭解疾病原因中的重要因素。在這張卜卦盤裡，金星是七宮主，代表感情對象可能牽涉其中。

　　這個案例的預後看起來不樂觀，太陽正入相位於火星——代表身體的一宮主星，加劇了焦傷。這應該是最痛苦的折磨，也是十分消極的跡象，焦傷的凶象只會逐漸加劇。由於一宮主星即將與入陷的土星形成六分相，更不樂觀，我們應盡快介入。擺脫過多的血液質或風元素的方法，將在本書的第三部加以說明。

chapter 6

宇宙法則：
相需和相惡
Cosmic principles: Sympathy & antipathy

── 蒸發與澆熄 ──

我們可以用第二部討論的方法做出準確的判斷，內容通常如下：例如前一章乾癬的例子，因為第二級的固定性黏液質過多，使得身體內部火星功能失衡。只要過多的濕和冷被蒸發，體液就會直接修復，達到平衡狀態。系統中注入更多的熱和乾，濕和冷就會蒸發。這種情形可類比為前一夜的水氣，在太陽初升的清晨凝結成霧。

這是很簡單的相惡原則，選用跟疾病性質相反的處方來解決問題的原因。假如有太多的火元素，可以用水元素澆熄。很多方法可以把水元素帶到身體，例如常吃黏液質多的食物，像是番茄、生菜、果汁、優格和小黃瓜。這個方法簡單但很有效，有時只要改變飲食，奇蹟就會發生。

　　相惡原則也在我們的身體裡運作，流感導致的發燒就是個例子。流感的根本原因不是病毒感染，而是體內的體液失衡，進而發展成冷和濕過多的狀態。身體對這個問題的自然反應是產生額外的熱量，以此消除過多的黏液質。所以發燒後會出汗，濕就藉此排出體外，自然的療法盡可能刺激身體出汗和發熱。相對來說，用阿斯匹靈退燒不是個好方法，阿斯匹靈會壓制不適的症狀，同時也抑制身體的療癒機制。當然，我們一定要優先處理高燒，有時必須先處理危急或緊急的症狀，之後再探求疾病的深層原因。不過這裡的美妙之處在於，我們看到身體按照自身的需求進行運作，這就是自然的智慧。這樣的現象不僅只有發燒，以流鼻血為例，這是身體嘗試透過自發性出血，預防更惡劣的情況發生。

　　相對於相惡原則的是相需原則，也就是選用跟疾病有相同性質、而不是相反性質的處方療癒。相需原則的功效非常好，它的優點是處方用量比較少。只是相需原則不像相惡原則可以廣泛使用，在使用上有許多限制。當病人有太多的黏液質時，讓他在寒冷的雨中站一個小時外加服用冷和濕的處方，並不能治癒這個病人，這種情況下相需原則就無法適用。

　　要應用相需原則需視體液種類而定。在惰性體液黑膽汁和黏液質中添加更多的冷元素是沒有效的，但在非常活躍的黃膽汁加入更多的熱元素就會產生作用。在炎熱的氣候下，喝熱的飲品反而會覺得涼爽一點。過多的火元素再加上火元素，結果是可以減少火元素，這也是為什麼許多熱帶地方的國民飲食都極度的熱辣，目的是透過相需原則達到降溫的目的。如果疾病是因為身體裡的體液有過多極度的熱，要冷卻很不容易，但是把體液加熱到超過極致的熱，就可以發揮降溫的作用，像是在最後關頭逆轉。

　　此外，還要看我們處理的是哪個層面。治療有兩個層面：作為疾病最深層原因的體液，以及體液過多造成行星能量的不平衡。在乾癬的病例中，過多黏液質使火星的能量失去平衡，在黏液質被乾熱的處方和食物蒸發掉的同時，狀態不平衡的火星也需要修補以回復正常運作。相惡或相需原則都可以達到效果，但通常選擇相需原則，因為它的作用比較直接。

　　為了更清楚了解如何作用，我們可以想想日常生活中的情況。假設你要跟一個盛怒的人溝通，你有兩個方式可以解決問題。首先，你可以先用相惡原則，當對方臉紅

脖子粗地大肆咆哮時，你先變成冷卻的因子去降低對方生氣的怒火。假如這樣沒有效果，對方根本不聽你的好言勸告，相需原則就是另一個選項。你怒髮衝冠地跟對方硬碰硬，這樣便使他冷靜下來。用你的火元素澆熄他的火元素，這是心理和自然物理平行並進的美好過程。

——宇宙法則——

相需和相惡是宇宙的法則，我們可以在這個基礎上理解香草植物如何發揮作用。根據十七世紀著名的醫學占星學家尼可拉斯・庫爾佩珀（Nicholas Culpeper）的說法，每種香草植物都有歸屬的行星，同時作用於相需／相惡兩個相對的原則。以飛廉屬的聖薊（Blessed Thistle）為例，庫爾佩珀的《香草植物大全》（*Culpeper's Herbal*）將聖薊歸類為火星牡羊座，聖薊可用來對抗牡羊座和火星的疾病，也能作用在與之相對的金星疾病上。

這種香草植物可以抗眩暈（發生在頭部的疾病），因為牡羊座主管頭部。根據相需原則，它也可以用來調整膽汁代謝，因為火星主管膽汁，而行星可以校準它主管的事

物。火星也可以療癒土星，因為火星入旺於土星主管的摩羯座。這種香草植物還能協助療癒其他的火星疾病，像是臉部泛紅、濕疹（皮膚問題）和環癬，以及被失控的狗或猛獸咬傷的傷口。至於第二類金星疾病，像是俗稱法國人病、惡名昭彰的梅毒。將旺宮納入考量之后，相需／相惡原則擴展了金星—火星的相對基礎。因此行星亦可與主管其旺宮星座的行星產生相需原則。

這種方法創造了很多可能性。植物的外部形態顯現出它擁有的行星能量，所以能立即清楚地知道葉片與附器都呈針狀的聖薊是火星的植物。光是觀察植物外形，就可以推論出聖薊能用來療癒火星和金星類的疾病。我們知道很多按行星分類的植物具有特定功效，行星能量與藥草特質的對應，正是古老徵象學的智慧之一，水晶亦可以相同的方式找到對應的能量。

這個部分有點複雜，因為庫爾佩珀通常談論的是行星徵象，很少談到體液說。行星特性可以告訴我們植物會對哪一種行星能量發生作用，卻沒有說明如何發生作用。要確認香草植物的功效是冷卻或是溫熱，光靠行星的徵象仍不足夠。歸類在金星的植物不總是濕和冷，但金星植物的

確可以平衡體內的金星的能量。

　　相需原則是重要的法則，運用上要留意發生作用的行星層面。假設腎臟出了問題，可以參用庫爾佩珀提出的金星類香草植物。因為腎臟歸屬在金星徵象的類別，所以金星類香草植物對腎臟功能有所助益。卜卦盤的美妙之處是能確切找出已經失衡的行星，而且知道使用哪種香草植物和寶石修補失衡的能量，使它回復正常的功能。

　　有個例子可以說明。假設我們有個個案，因為土星在巨蟹而導致腹瀉，巨蟹座是啟動星座，代表快速移動，它也是涉及排泄的水元素，所以這個個案的狀況是發生迅速的排泄。巨蟹座的過多水元素干擾了土星的功能，使得身體內部失去「抓握」的力道。我們可以用諾得（Norit）治療，這是黑色粉末狀的碳物質，性質是冷和乾而且非常土星，諾得在相需、相惡原則兩個層面都會產生作用。

　　冷和乾的粉狀活性碳把更多抓握的力道帶入腸道，乾燥功能特別能讓迅速移動的水元素放慢速度，這是相惡原則，但只是部分相惡，因為諾得是冷的，腹瀉也是冷的。有著土星特性的粉狀活性碳作用於虛弱的土星能量，也是部分問題所在。它能夠強化土星在身體裡的

作用，讓土星回復到平衡狀態。療癒的最終目標是重回
平衡狀態，使身體的行星能量再次發揮良好的作用。在
這個案中，我們也可以用火星類香草植物，通常是熱和
乾，火星通過旺宮而跟土星相需，火星的熱和乾可以進
一步蒸發掉過多的黏液質。

　　時時牢記相需／相惡原則，經常善加利用，有助於我
們更了解香草植物、寶石和其他療癒方法。光靠行星徵
象，並不容易預測香草植物的實際功效。它們可能具有主
要和次要的作用，甚至在身體的不同部位產生不同的效
果。因此，對於香草植物在特定症狀或器官的功效必須完
善實務知識，才能刻畫出完整的樣貌。重點是療癒有兩個
法則：相需和相惡原則，而在行星層面上，我們主要使用
相需原則。

——順勢療法——

　　另一種也會特別使用相需原則的療癒方式，就是順勢
療法。這種療癒方式採用所謂的「以同治同」理論：病症可
以用引起該病的物質治癒，跟古老的相需原則概念一致。

順勢療法是透過仔細觀察和訪談之後，開出跟病人狀況相應的處方。例如，當病人非常激動和煩躁時，就跟毒熱的馬錢子所造成的狀況相對應。

嚴格遵照相需原則所做出的判斷，馬錢子就適合治療這個症狀。這種火熱的有毒種子能消除身體裡過多的火，為了產生這種相需的效果，需要稀釋母體酊並搖晃數次，順勢製劑以這種方式得到效力。順勢製劑的母體酊劑稀釋液能讓製劑的物質層面逐漸減少，讓藥效更加純淨。

相需效應背後的原則很簡單，純淨的能量展現它相需的效應，尤其是強而有力的純淨能量可以校準較不純淨的同類能量。這跟教學相同，無法閱讀的人不可能教會孩子閱讀。必須有更高、更純淨的存在，才能支持較低階的存在。只有純淨火星的能量可以校正引發疾病的失衡的火星。順勢療法的稀釋過程就是這樣的純淨化過程，所以順勢製劑能夠以極為純淨的方式展現其本質。母體酊劑稀釋液藉由稀釋掉不純淨的物質，釋放物質本身的精華。

關於相需和相惡原則，還有一點很重要：行星軸線上相對和互補的作用。兩個相對的星座劃出軸線，火星跟金星相對、木星跟水星相對，而太陽和月亮都跟土星相對。

我們可以用太陽的處方療癒土星疾病（相惡原則），我們也可以用土星處方療癒土星自身的疾病（相需原則）。有一個相惡原則的例子是聖約翰草（St John's Wort），這是種太陽類的香草植物，用來療癒憂鬱症（土星），當然我們也可以選用土星類的寶石進行療癒，像是藍寶石。

尼可拉斯‧庫爾佩珀提供一個判斷相惡或相需處方的準則：將引發疾病的行星與象徵病變器官或身體部位的行星進行比較，如果是同一個行星，就採用相需原則，選用同一行星徵象的處方；如果是不同的行星，則改採相惡原則。例如太陽是皮膚疾病的原因，根據相惡原則採用土星類別的處方，因為土星象徵皮膚，土星類別的處方有助於改善皮膚狀況，也就是選用跟行星徵象一樣的處方療癒生病的器官。

先前也提到入旺的相需原則，就是入旺行星在相需原則下，會幫助旺宮星座的廟主星。例如金星可以幫助木星，因為金星旺宮在雙魚座，其廟主星為木星。這個概念延伸到對宮，行星與其弱宮星座的廟、旺主星相惡，這種情況和它與陷宮星座主星的相惡比起來，力量要弱許多。所以金星跟水星相惡，水星入旺於處女座、金星入弱於處

女座，水星剛好也是處女座主管行星，所以這裡沒有其他的相惡。通常行星會跟其他三個行星有相惡／相需關係。太陽和月亮被視為例外，陽剛的太陽與陰柔的月亮代表宇宙的兩個極端。

　　庫爾佩珀認為，使用徵象一致的處方改善發病的器官有其侷限。生病時，不會只有單一器官出現問題，常常是好幾個身體部位／器官一起發生狀況，所以這個法則並不周延，必須視實際情形加以運用。此外，庫爾佩珀的同事約瑟・布拉格拉夫（Joseph Blagrave）寫道，比較簡易的方法是找出卜卦盤裡擁有最強必然尊貴的行星，然後選用與其徵象一致的處方。所以假設疾病發生在木星摩羯座和金星雙魚座，雙魚座為木星主管，金星又入旺於雙魚座，因此你可以透過相需原則，選用金星徵象的處方使木星獲得力量。布拉格拉夫還描述，如果不是用最強而有力的行星作為處方能量，病人終將步向死亡。

　　有時，我們可以綜合所有的判斷法則，找出最具療癒能量的行星。雖然有時不容易從卜卦盤判斷，我們還是必須同時權衡數個應用法則。最重要的還是找到能制衡過多體液的香草植物，體液的失衡才是疾病的根源。接著，從

卜卦盤找出哪個行星造成器官或身體部位發病，然後用相需或相惡原則開立處方以改善病情。相較於相惡原則，相需原則的處方總是優先選用。透過這個方法，我們可以在很多個案中看到成功且有效的結果。

chapter 7

療程計畫
Treatment

——飲食——

醫學占星師總是會提供飲食建議，一般來說，這個部分我們採用的是相惡原則。如果問題出在過多的冷和濕，散發水元素的最佳方式是食用暖和乾的食物。改變飲食是常用的基本方法，飲食若不改變，處方的功效也會減弱。在整個療程中，詢問個案吃的食物相當重要，因為許多人有怪異的飲食習慣。假如個案因為吃很多馬鈴薯——冷和乾的塊莖——結果出現黑膽汁的病症，解決方式很簡單，就是不要再吃馬鈴薯！這是恢復健康的最關鍵步驟。有時候只要改變飲食習慣，就足以恢復身體健康，這是對抗疾病的最優雅方式。

傳統上，透過外在化學物質的幫助並不能真正治療疾

病；真正的治療有時需要透過多種方法且曠日廢時。雖然
傳統醫療中也有強效的療法，但我們還是會先採取較為
溫和的方法。假如病況允許，傳統的醫生會先提供飲食建
議，可能再開一些藥性溫和的香草植物。強效的香草植物
只用在飲食改變後沒有成效而且體液過多，或者是情況更
嚴重的時候。如果調整飲食無法改善身體狀況，在療程中
改用作用力較強的香草植物是很好的選擇。作用力強的香
草植物會在人體內較深的層面產生作用，所以只留在第二
個階段使用。食物分類如下：

冷和濕的食物能防止黃膽汁過多

啤酒（淡啤酒）、蘋果酒、冷水、蛋白、牛奶、豆漿和乳
清、大豆、豆腐、天貝、麵筋、黃瓜、豆類、豌豆、南
瓜、甜瓜、芒果、其他水果和果汁（葡萄、黑莓、覆盆子、
醋栗除外）、蘋果、梨（功效依其味道有所不同，甜的較溫
熱、酸的較乾）、木梨、櫛瓜、菠菜、沙拉、很軟的新鮮起
司（如鄉村起司）、南瓜籽（未加鹽）、甜瓜籽、魚類（鱒魚
除外）和海帶等海藻、印度香米、小牛肉、豬肉、小米、蘑
菇、椰子油。

在黃膽汁過多的情況下：鍛鍊和競技運動、短時間的乾蒸桑拿、泡澡（水溫不要太高）、少量的酒（專指淡啤酒）、避免外界熱源和激動的情緒，而性活動可以讓熱冷靜下來。

顏色：藍色和綠色能減少黃膽汁的數量，因為它們可以與水元素連結。

心理上：火元素可以用肯定自我的行為、運動以及競賽來表達。

冷和乾的食物能防止血液質過多

苦苣、馬鈴薯、大麥、大麥汁加檸檬、醋，檸檬和柳橙（酸＝冷／乾）、黑麥、醋栗、酸蘋果和梨（所有酸的水果）、栗子、小扁豆、歐楂、羅望子、菊苣、豆芽、藤葉、咖啡代用品（菊苣、橡子、大麥）、牛肉、青橄欖、花椰菜、綠花椰。

在血液質過多的情況下：適量的運動、減少食量、減少社交與心智活動、多休息、做一些需要用體力的活動（例如園藝），以及乾蒸桑拿讓身體出汗，排出過多的濕。

顏色：深色可以讓過多的血液質平靜，也能與大自然和土地直接連結。

心理上：休息、紀律、節制。

熱和乾的食物能防止黏液質過多

辣椒、洋蔥、大蒜、薑、咖哩、蜂蜜、辣根、肉桂、肉荳蔻、芥末、粗糖、鹽（特別是海鹽）、白蘿蔔、辣椒粉、乾棗、核桃、榛子、開心果、西芹、蘿蔔、胡蘿蔔、茴香、韭蔥、芹菜蘿蔔、蘆筍、根芹菜、柳橙皮和檸檬皮、大茴香、成熟起司、朝鮮薊、黑巧克力、茄子、黑橄欖、鹹魚、玉米、番茄、紅葡萄酒、燕麥、山羊肉、羔羊肉、培根、鹹肉、葵花籽油、所有辛辣的食物。

在黏液質過多的情況下：避免受涼、用身體之外的熱源（像是爐火）保暖、不要泡澡、不吃生食、可以禁食（使身體生熱）、定期運動、睡眠時間不要太長。

顏色：活潑的顏色像是亮紅色和金黃色，可以減少黏液質的數量。

心理上：尋求親近和親密關係、用哭泣釋放淚水、表達悲傷、培養興趣。

暖和濕的食物能防止黑膽汁過多

蛋黃、無花果、橄欖油、奶油、葡萄乾、白葡萄酒（和烈性啤酒）、羅勒、小麥製品、斯佩耳特小麥、大頭菜、豆莢、

胡蘿蔔、紅甜菜、堅果和種子（前述已經提到的除外）、葡萄、黑莓、覆盆子、新鮮的軟起司、鴨肉、雞肉、野雁、鹿肉、成年綿羊肉、羔羊肉、兔肉、蝦和貝類、鱒魚、石榴、酥油（精煉奶油）、鷹嘴豆、椰子。

紅甜菜汁、斯佩耳特小麥、小麥和白葡萄酒（煮沸後將酒精蒸發）可以有效對抗過多的黑膽汁。

在黑膽汁過多的情況下：不要做太多運動、注意外在環境劇烈的熱或冷、工作不要太辛勞、自我要求不要過高、享受社交生活和派對、有創意和具體地表達自己，另外性活動會增加黑膽汁的數量，特別是男性。

顏色：令人愉悅的顏色，像是黃色和橙色的色調，因為可以聯想到風和新鮮空氣。

心理上：放手和原諒、不要對自己和別人太苛求、讓生活有趣。

可以用辛香料、鹽和烹煮烘焙的方式，將熱元素帶入冷性食物中。生食或用溫和香料簡單調理熱性食物，會讓食物變得冷性一點。

全穀物優於麵粉，麵粉容易酸化並產生大量的水分。

全穀物和豆類在能量分布上非常均衡，鹽和脂肪可使身體
生熱。

　　一般來說，辛辣、甜的、鹹的食物都有熱的性質，苦
和酸的食物有冷卻的作用（不過又辣又酸有熱的性質）。

　　因為熱和冷是主要的辨識項目，所以熱／冷在溫度計
的刻度顯得十分重要。一個人如果是寒性體質，就要幫他
加熱；一個人如果太熱，就要幫他降溫。實務上，我們選
用跟過多的體液性質相反的體液的食物（相惡原則）。也
可以食用一些與療癒元素溫度相同但乾／濕的程度不同的
食物。

　　如果黏液質是問題所在，那麼最好避免冷和濕的食
物，多吃些熱和乾的食物。但有些熱和濕的食物也可以
吃，這些食物能幫身體加熱，越多的熱代表越少的濕。濕
／乾的比例某種程度取決於熱／冷的程度。正確方法取決
於具體情況，如果問題是因為太多的濕所導致，我們會選
用乾的食物。

　　這就是為什麼幾乎沒有香草植物歸屬於第三等級的熱
和濕，因為三等級的熱會把濕逼出去，但第二等級的熱和
濕可以用香草植物調理。有時，食物或香草植物會呈現不

同面向的複雜功用，檸檬就是個例子，檸檬皮是熱和乾、
檸檬汁是冷和乾，而檸檬本身是冷的，但不像檸檬汁那樣
地乾。檸檬汁絕對的酸（收斂），說明它是冷和乾的性質；
由於質地的關係，檸檬本身含有更多的濕。

　　另一個例子是荳蔻，爆炸性的熱會迅速消耗，因此只
作用在消化系統上部。主要功效和次要功效之間存在差異
的香草植物還有薄荷。薄荷先呈現冷卻作用，再逐漸刺激
身體內的火元素，這是我們最想看到的次要功效。確定香
草植物的體液功效或行星徵象是艱巨的浩大工程，古書上
的記載常常混淆不清又相互矛盾，所以必須用我們的常識
仔細觀察，加以實務經驗查證。

　　通常光是嘗味道，我們就可以知道食物或香草植物的
一些性質，它們屬於熱／冷、還是乾／濕。刺激的辛辣味
道是熱和乾的徵象，這樣的食物或飲品可以將黏液質帶
出體外，因此在感冒或流感初期、身體即將進入黏液質過
多的階段，喝薑茶會有效果。酸味負責收斂，跟土元素相
似，有冷和乾的作用，這就是為什麼它可以阻抗軟化、組
織鬆弛和體液流失。但是酸味和辛辣口味的結合也可能具
有加熱效果，因為辛辣味增加了酸味的熱。苦味具有寒涼

的作用，並有乾燥及抵抗寄生蟲和炎症的功能。甜味可以
建構、強化和提高熱度，鹽巴也有提高熱度的功效。鹽巴
的性質是乾和熱，所以容易吸收濕氣的鹽巴，對於便秘和
僵硬的肌肉有軟化的作用。

──生活方式──

　　飲食再加上溫和的香草植物或處方，就能加快療癒的
功效。在某些情況下，正確的生活方式可以見到相當的成
效。黏液質過多的人，不應該運動過度（我看過好幾個案
例！）。運動和競技會消耗大量的熱，在這個情形下，身
體的熱相對於黏液質是不夠的，所以我們不應該過度運動
把熱耗盡。狂熱地運動，會讓處在不平衡狀態的身體持續
生病。

　　跟個案討論他們的飲食習慣和生活方式相當重要。令
人驚訝的是，人們並不認為他們怪異的習慣是問題的根
源。每天喝十二杯咖啡或晚上活動、白天睡覺，對健康都
有很大的傷害。有時你必須告知個案一定要改變這些習
慣，否則治療不可能有成效，任何治療都會立即被不健康

的生活方式破壞。

　　然而，諮詢時有一個重要原則：方法應該溫和。嚴苛的飲食計畫，並不符合傳統醫學的精神。占星師通常先嘗試透過飲食和生活方式，重新建立人體體內的平衡，做法是增加食物和活力，把有害的過多體液從身體排出。這是一個溫和的長期計畫，如果按部就班會非常有效。這裡是指飲食與生活習慣的些微改變，完全不同於現在廣受歡迎的激進飲食方式。

　　以生食為例，也就是沒有烹煮過的食物。生食帶來的危害是身體會變得太冷，特別是當年紀漸長或者有黑膽汁或黏液質的問題。不是說生食一定會帶來疾病，但為了維持身體的熱，就要用更多暖熱性質的香草植物。食用許多生食和濕／冷蔬菜的素食者，更容易有這方面的顧慮。在寒性的身體中，生食可能導致過多的冷和濕，以致於發展成黏液質病症。

　　結合生活習慣與醫學占星諮詢的原則，是幫助個案不再餵養並強化那些引起疾病的體液質。假如是黃膽汁過多，就要把火元素導引至體外，所以強度運動和鍛鍊會有所幫助。也可以接近水，游泳是擺脫過多火元素的最佳運

動。溫和的乾蒸桑拿同樣是個好選擇，按相需原則的原理，乾蒸桑拿的熱會把身體裡過多的熱帶走，但如果待太久反倒讓你熱過頭。

　　黃膽汁過多的人不宜禁食，因為禁食會讓身體加熱。但是禁食對有黏液質狀況的人很好，甚至還可以減少一些體重。黏液質過多的人，應該盡可能多做使身體暖熱的活動，所以不要泡澡（太濕）。黃膽汁過多的人因為體質是熱的，所以在桑拿間只要待一會兒就可以離開；黏液質過多的人必須在桑拿間待久一點，讓身體暖熱出汗，一併排出過多黏液質的濕。對於黏液質過多的建議是做溫和的運動，過長的睡眠不好，因為這樣會讓相對於火元素的黏液質變得太多。

　　我們在生活方式的層面看到不同的對應方式，做適當的活動可以啟動相對的體液質並使其發揮作用，同時能將過多的體液質排出體外。

　　像是黑膽汁過多的個案，都是正向的生命經驗不足。這類病人總是吃得很少，使他們的身體更冷。致力於艱深學術研究的人，約莫在四十到六十歲的憂鬱階段有可能罹患黑膽汁疾病。當所有嚴肅的工作讓你不開心時，一杯葡

萄酒會帶來奇蹟。

　　然而，在憂鬱的黑膽汁過多的狀況下，性行為對身體不太健康，因為熱和濕會離開身體，特別是男性會變得更乾更冷。黑膽汁過多的時候，我們應該盡可能讓身體保有濕和熱。荷蘭作家傑拉德・雷夫（Gerard Reve）曾在深陷憂鬱情緒時寫下紅酒、電影和自慰是他主要的興趣，但正如他的描述，所有的酒瓶都見底了、附近找不到電影院，所以生活容易變得有點單調。前兩件事可以抵抗黑膽汁，但第三件事會讓黑膽汁變得過多，不過，這些黑膽汁將雷夫帶往華麗的文學之路！黑膽汁過多的人，總是能在藝術創作中表現出色，這是躲藏在藝術療癒背後的秘密。

　　系統當中如果有過多的血液質，就要用冷和乾的處方，從醫學觀點出發會建議頻繁的性生活。自律、集中精力、獨自一人或在大自然裡奮力工作也都不錯，但應避免喝酒和奶製品，會議行程不要排太滿，社交生活和心智活動要有所節制。可以將過多的血液質比擬為身體裡過度活躍的蒸氣，所有能讓水蒸氣冷卻下來的事物，都具有療癒的效果。在血液質過多的情況下，建議赤腳踩踏土地，跟土元素接觸，在庭院種植花草蔬果是一項

健康的活動。土元素緩慢冷靜的能量，可以把血液質中蒸蒸水氣的熱帶走。

——傳統心理學——

疾病也有所謂的心理層面，體液在這個部分也有相應的解釋。血液質過多的人，需要更冷靜且更自律（實質上的限制）。相對於血液質的黑膽汁則需要相反的方法：更多的鬆綁和流動。冷和乾的土元素會有冰冷的內心，最深層的原因是太過憂傷或對人缺乏信任，結果造成停滯或企圖達到嚴密的控制。這些人無法忘卻父母或老師在三十年前對他們說過的話，寬恕是融化內心寒冷冰流的最佳解藥。

過度僵化的生活原則也會傷害黑膽汁性質的人，在荷蘭的極端加爾文教會是一個很好的例子，陰鬱和嚴謹的信仰事實上使人生病。現代人將僵化、控制的心態表現在另一個面向，就是認為只要我們夠努力，一定可以達到我們設定的目標。

問題出在黑膽汁過多的人，容易被嚴謹的宗教活動或生活方式吸引。幽默感、放手、享受生活，以及全然觀察

周遭事物等都是處方，這些全都符合樂觀血液質的心理狀態，血液質的特點是一派自在和漫不經心。我們需要更怡然自得一些，風元素可以鬆動彼此緊黏的土元素。每一個園丁都知道鬆動土壤是必要的，因為外在表現始終源自內在的一切。混沌的土元素狀態造就了黑膽汁的問題，正如前面提到的，過多的黑膽汁需要創意性的表達。

　　正如我們前面提到，假如黃膽汁過多，競爭是必然的，而火元素會因為努力和鬥爭用盡。黃膽汁迅速又激烈，不管在哪個層面，透過什麼方式都必須從固有樣貌中掙脫。我們現在所處的環境，不容易接受火元素風格的表達方式，很容易將其視為不正確的行為。有火元素個性的人在這種環境下很痛苦，他們總是被認為行為粗暴或不禮貌，這對於社會或心理健康沒有益處，火元素就是需要被展現出來。過度控制火元素終究會造成火元素病症，或者導致不受控制的火元素爆發出來，對於人體的系統並不健康。在此並不是為侵略行為辯護，而是提出總不被認可的火元素，其風格及表達應該更為社會接受。人們不應該覺得有罪惡感，有限度地以可被接受的方法展現黃膽汁行為，對心理和生理的狀態相當重要。

跟血液質相對的黏液質需要的是流動，因為它跟黑膽汁一樣是冷元素。但是黏液質的流動是充分的表達情緒。造成黏液質過多的原因是在心裡壓抑挫折，一般人大多如此。因為流淚不被接受，所以無法透過哭泣釋出的淚水，就會轉為黏液質存留在身體裡，後續可能造成慢性黏液質病症。讓那些未能釋放的眼淚流出，也就是讓過多的水離開身體，可以帶來療癒的效果。體會親近感和親密感，對於黏液質病症也很有幫助，在親密的情緒中，被抑制的黏液質可以再次流動。

最後，失序的血液質狀態需要的是冷靜。就心理層面的邏輯分析，血液質過多指的是太過熱情，需要不斷地跟團體有所連結、溝通與合作。在樂觀的血液質過多的情況下，需要大幅減少跟團體接觸的活動，在大自然裡獨處是個好方法。團體和人群不會一直令人覺得有趣，事實上他們可能讓人覺得很無聊。對溝通和社交活動的沉迷可以用冥想取代。沉思的心理活動本身就是冥想，這種方式帶來的平靜，可以使過熱的身體變得平靜，協助血液質病症的療癒。

——香草植物——

　　假如溫和的方式成效不彰，還可以使用香草植物。在薩德爾斯的《占星學的醫學判斷和實務》中，經常提及的簡易處方或比較複雜的處方，都需要結合多種香草植物和物質。即便古代的處方和調配方法被流傳下來，但是多數的複雜處方不容易製作。在當時，處方需由香草植物專家炮製，病人再到香草植物專家的工作室領取。遺憾的是，現在找不到能依古法炮製的傳統香草植物專家，因為準備過程十分浪費時間和精力。儘管如此，還是有很多簡易且有效的處方，使用的方法如下：先選出專治過多體液相關病症的香草植物（有關示例，請參閱以下列表），也可以參考薩德爾斯列出的引發疾病的行星所在星座，表中羅列許多香草植物。我們可以遵循下列原則，從這些參考資料中決定配方。

◆香草植物必須能平衡誘發疾病的過多體液，這點最為重要。
◆香草植物的行星性質應與病因相需，即選擇直接對應或旺宮主星對應的香草植物；或者與病因相惡，這取決於相關行星的必然尊貴力量。

◆按相需原則，選用對發病器官有益的香草植物。

◆按相需原則，選用對一宮主星有益的香草植物。

◆可以考慮加入太陽類的香草植物，增強生命力。

◆可以考慮加入少量跟療癒過多體液的主要香草植物相惡
　的香草植物。

◆可以考慮加入與症狀相反的香草植物。

　　依照這個方法，我們可以選用單一香草植物，或是根據卜卦盤選出多種香草植物搭配。假如疾病的原因是在天蠍座的火星，我們必須選用能減少黏液質和平衡火星的香草植物。根據庫爾佩珀的理論，我們可以選火星類的香草植物（相需原則）或金星類的香草植物（相惡原則）。雖然火星在天蠍座擁有必然尊貴的強大力量，但我們還是會按照相需原則選用香草植物。在庫爾佩珀的《香草植物大全》（Complete Herbal）中，根據相應的行星可以找到很多香草植物。我們可以視個案的情況並遵照前述準則，開立單一香草植物或混搭五種香草植物。這些準則提供的選項多樣，當然不需要每次都全部選用。

調理體液的香草植物——一般通則

【調理黃膽汁】：啤酒花、紫羅蘭、蘆薈、大黃、龍芽草、蒲公英、酸模、睡蓮、歐洲千里光、錦葵。

【調理黑膽汁】：紫菫、多足厥、決明子、琉璃苣、檸檬香草、菟絲子、旋花、黑嚏根草。

【調理黏液質】：接骨木、大戟、神香草、麝香草、瀉根、月桂、當歸、胡桃、金雀花。

【調理血液質】：薺菜、木賊、草莓葉、菊苣、大焦、牛蒡。

請先諮詢合格的醫師，不要自行選用香草植物進行自我治療。

有毒的香草植物可以按離合法煉製酊劑（如嚏根草）或是按順勢療法的藥力強度稀釋物質（較低的效力達 D4）。我們提到的香草植物都是重要的範例，德國占星家伯納德・博格鮑爾（Bernard Bergbauer）根據香草植物對體液和行星性質的作用，發展出一套實用的電腦程式。另請參閱後續的尤那尼傳統醫學（南亞的伊斯蘭體液醫學）療法。

查看症狀也同等重要。我們可以用香草植物療癒病痛，再依據卜卦盤顯示的疾病原因，選用與體液或行星徵象相對

應的處方。用這種方式我們能找到最佳的香草植物，以此對付症狀並且療癒更深層次的疾病原因。弗里德曼・加夫爾曼（Friedemann Garvelmann）在著作《香草植物與體液病理學》（*Pflanzenheilkunde in der Humoralpathologie*）中，清楚描述香草植物的選擇對體液產生的作用。

令人眼睛為之一亮的是，有些作為處方的香草植物，可以同時平衡一種以上的體液過多問題。舉例來說，決明子不僅能平衡過多的黑膽汁，也可以用在過多的黏液質和黃膽汁；紫菫的性質微熱和乾躁，有著土星的性質，卻可以用來同時平衡過多的黑膽汁和黃膽汁。相需原則和相惡原則的應用更為複雜。光是根據理論，很難完全預測香草植物的效果，甚至有些香草植物在不同的身體部位會產生不同的效果。此外，也有些香草植物立即產生的主要效應，跟長期使用的次要效應不盡相同。加夫爾曼在書中提供很多相關的實用資訊。

關於香草植物的劑量有很多不同說法，主要取決於香草植物的種類、病情的嚴重和緊急的程度。在確定病情緊急的狀況下，需要服用較高的劑量。如果用曬乾的香草植物沖泡成茶飲，每天的劑量約3到30克不等。如果長期緩

慢的調養，單一香草植物每天只需要3克；如果想要快速看到成效，我們會選用五種香草植物做搭配，一天的劑量是25到30克。

有時必須優先處理症狀，之後再療癒深層原因。急性炎症或是高燒，不論深層原因為何，首要之務都是退熱。對於深層病因所採用的療癒方法，可以避免緊急症狀加劇時造成的危險。當代醫學占星師的重要性不如古代，因為對於真正危及性命的急症，擁有緊急醫學設備的現代醫師比醫學占星師的救治效果更佳。

香草植物茶是用煮到滾燙的開水沖泡並靜置10到15分鐘，之後可以濾渣或繼續浸泡，建議用量是一日三次。如果香草植物茶飲用了一段時間，建議暫停一下。我們可以飲用六天停一天，然後再重新開始，直到達成我們希望的效果。

——尤那尼傳統醫學——

薩德爾斯的書中經常提到，體液被排泄出去之前應該先被消化。這種療法是先讓體液鬆動，這樣就可以早點排

出體外。薩德爾斯將「消化用香草植物」和「瀉下用香草植物」做了區分，只有後者才能從體內徹底清除過多的體液。如果病因是固定星座的凝滯體液，那就特別需要消化香草植物。我們先前提過，尤那尼傳統醫學提供各體液的標準療程，可適用在醫學占星，也可以結合前面提到的香草植物與薩爾德斯書中的處方。

黑膽汁

消化期：十五天

消化用香草植物

滋潤的食物、甜瓜籽、無花果、葡萄乾、黃花九輪草、塞貝斯坦和醋密精（5份蜂蜜和1份醋的混合物）。

　　另一個茶飲是針對長期的黑膽汁病症，處方為半茶匙的黃瓜子、菊苣子、黃花九輪草根部和小蘗根部，用兩杯滾燙的熱水沖泡，冷卻後再加入一湯匙醋密精。

瀉下用香草植物

決明子莢是簡單又有效的處方。用一杯半的水把五個決明

子莢煮成茶飲，再加入茴香、薄荷或芫荽，以避免絞痛。

複合配方：將一些纈草根、大茴香籽和一根切碎的芹菜加
到決明子莢茶飲。另一種處方是在一杯半的水中加入四個
決明子莢，再加半茶匙的薑、檸檬香草、薄荷、大茴香籽
和玫瑰花瓣。

血液質

使用菊苣籽、萵苣籽、芫荽、玫瑰花瓣、檀香糖漿、醋密
精和檸檬汁合劑。

　　血液質的處方不是真正的「瀉下」（purging），療程計
畫是用冷卻和乾燥的處方，漸進式地減少血液質過多。

　　效果最強的方式是放血。放血要遵照聖賀德佳醫書裡
的方法由醫師執行，而且一定要在適當的時機點（滿月後一
周內）進行。

　　血液質過多可能導致急性感染，在這種情況下，強烈
建議服用醫生開立的抗生素。

黃膽汁

消化期：三天

消化用香草植物

木梨籽、菊苣、黃瓜籽、芫荽籽、檀香、萵苣籽、寒性水果（像是西瓜）、醋（如果有咳嗽用菊苣糖漿和馬齒莧，去掉木梨籽）。

助消化配方：將兩茶匙芫荽浸泡在一杯水中1小時，加點蜂蜜，濾出芫荽後再飲用。

瀉下用香草植物

混合紫羅蘭、李子、玫瑰、羅望子和決明子莢。

　　混合1茶匙的李子泥、少許續隨子，以及紫菫、菊苣籽、決明子葉各半茶匙，加上1茶匙的甜杏油，用兩杯水煮五分鐘。放冷，濾出香草植物再飲用。

黏液質

消化期：九天

消化用香草植物

肉桂、大茴香、纈草根、黑葡萄乾、荳蔻、大蒜、薑。

助消化配方一號：黃花九輪草和續隨子各四分之一茶匙、

半茶匙大茴香、1茶匙薄荷。用兩杯水煮10分鐘，濾出香
草植物再飲用，一次半杯，一天喝三次。

助消化配方二號：1茶匙新鮮黃瓜和三個決明子莢，用一品脫
（約570毫升）的熱（玫瑰）水浸泡一小時，再加1茶匙杏仁油。

瀉下用香草植物

將神香草、紫羅蘭、磨碎的茴香籽各四分之一茶匙混合，
加入三杯水，再加四分之一杯的黑葡萄乾、兩顆切碎的無
花果乾和1茶匙甘草。滾水煮到剩一杯水，加入新鮮黃瓜
泥、玫瑰花瓣和粗糖各半茶匙，再煮10分鐘，濾出香草植
物，加入1茶匙甜杏仁油。每天早上喝3茶匙。

將1茶匙的薑粉和半茶匙的海鹽加入一杯熱水，攪拌後
飲用。

排便之後，可飲用加入甜羅勒、蜂蜜和玫瑰水的冷
飲，如果腹瀉，可以吃優格和米飯。

1茶匙約1.5公克、1湯匙約等於3茶匙，而1杯等於半
品脫，大約四分之一公升。

——行星時——

前面所提的處方是取自尤那尼傳統醫學，容易製作且有效果，可以作為治療的一部分或是平衡體液過多的一般性方法，再結合飲食、生活習慣和心理的方法。薩德爾斯的書中，提到更多根據行星星座的消化和瀉下處方，但不是每個處方都容易製作，事實上很多處方都不容易準備。

重要的是在最佳的時間用藥，透過占星可以找到用藥的最佳時間。有個法則是在跟過多體液相對的體液作用最強的時間用藥，這時處方可以發揮最大的效應，例如我們想對抗黏液質，可以在黃膽汁有最大影響力的時候用藥。行星時主管期間決定體液的效應：在太陽或火星時期間，黃膽汁作用很強；在木星時期間，血液質作用很強；在月亮或金星時期間，黏液質作用很強；在土星或水星時期間，黑膽汁作用很強。 行星在某些位置有其最佳的療癒時間，但要了解其對應方法，薩德爾斯在書中都有提到。

行星時與一星期七天相應：月亮跟週一連結、火星跟週二連結、水星跟週三連結、木星跟週四連結、金星跟週五連結、土星跟週六連結，而太陽跟週日連結。一天的

第一個小時的時主星是主管當天的行星，第二個小時則是以迦勒底順序排列的次一個行星，依序為土星、木星、火星、太陽、金星、水星、月亮，然後再回到土星。古代定義的一天始於日出而非午夜，所以週一日出後的第一個小時由月亮主管、第二個小時由土星主管，以此類推，行星按照迦勒底順序一直持續到下一個日出。

　　古代的行星時跟現代的標準時制一小時六十分鐘不同，古代的一個白天時為日出到日落的十二分之一，所以冬天的白天時比夏天的白天時短。計算方式很簡單，將日出到日落的時間分成十二等分（partile）就是白天時，用一樣的方式可以計算出夜間時（日落到日出之間）。因此，週一結束於火星日日出的時候，亦即週二始於火星時。[註1]

　　查出行星時的一個簡單取巧方法是透過普拉西德宮位制（Placidus house system），這個宮位制按小時劃分，所以每一個宮位包含兩個行星時，假如太陽在第十二宮，那麼這就是當天的第一個或第二個行星時。將宮位分成兩等分，可以清楚看到我們在哪個行星時區間。

　　按照卜卦盤的行星時進行療癒固然重要，但準備香草植物的時間也同等重要。傳統上，在行星時和行星日採摘

註1——其實一天的時主星還細分為白天時與夜間時的排列。時主星的完整系統，請參見《占星魔法學》p.63。

的香草植物最具效用。木星類香草植物（像是檸檬香草）的
最佳採摘時間是週四的木星時，最好此時木星也在星盤中
擁有必然尊貴和偶然尊貴。如果香草植物需要提煉成酊劑
或精油，最好也在木星時進行。越多木星的徵象，製作出
來的處方效果越好。

在現代化的今天，到處可見沒有按正確行星時採摘炮
製的香草植物，因此香草植物的功效減弱不少，更遑論多
數的香草植物都不是有機栽種。最好的狀況是在正確的
時間採摘需要的香草植物，然而並非總是可行，因為這表
示占星師必須身兼傳統的香草植物專家。所以更為重要的
是，我們要充分利用店家販賣的現有香草植物，讓個案在
對的行星時服用處方。

──放血療法──

放血是非常有效而且健康的療法，但是必須在正確的
時間施作，這樣一來，引起病症的體液才有可能被釋出。
與消化和瀉下一樣，放血要在造成疾病體液的相反體液最
強時施行；我們可以使用行星時，也有些資料使用的是月

亮所在的星座,例如要排出黃膽汁,應該選擇月亮在水象
星座的時候。

另外,根據古代法則,月亮在獅子座時不可以放血,
因為獅子座對應的是心臟,而月亮會讓相對應的器官變虛
弱。放血需要萬全的事前準備工作,施行放血的前幾天
只能吃清淡的食物,病人一天要盆浴兩到三次,可以喝醋
稀釋體內的血液。在放血之前,病人可以吃一頓清淡的餐
點,有時會建議喝一杯品質佳的葡萄酒。

放血療程後的第一天,病人要好好休息,讓身體有時
間恢復。聖賀德佳醫學堅持只有在滿月後的一個星期內可
進行放血,因為這段時間的體液不會過分被擾動而失衡,
此外,只有在病人虛弱且快要昏厥時才允許進食。療程後
的三天內,病人應該避免直接日曬或接觸火元素的熱;一
星期後,可以開始進食特製的清淡復元餐點。熱元素導致
不平衡的人,會建議放血療法,特別是血液質過多的人;
冷元素的病症,通常建議用催吐法。黏液質病症幾乎不會
使用放血療法。

很多古老醫學系統使用的另一個療法是拔罐。這是將
玻璃或塑膠罐內的空氣抽出造成負壓,再把罐口直接吸附

在病症發生位置的皮膚表面。這樣可以破壞過多的體液並將之帶出身體，減緩疼痛，並且將炎症從重要的內臟驅離到皮膚表層，使炎症能更容易處理。這項傳統療法容易學習使用，在歐洲某些地區的民俗療法仍然可以看到，傳統中醫師也經常使用。重點是拔罐也可以透過占星選定操作時間。拔罐有兩種變化做法：一個是火罐，另一個是刺絡拔罐。第一種方法有加熱和潤濕的作用，第二種方法有冷卻的作用，因為血液會被吸出。

———煉丹術———

在醫學占星的基礎上，煉丹術也提供另一個讓療程更具功效的可能性。透過煉丹術或「絲別結」（spagyric）離合法煉製酊劑（tincture）的過程，香草植物、礦物，甚至金屬都能被純化以增強療癒的力量。它跟順勢療法的製劑很相像，只是絲別結離合法在最後會加入固定物質，使分離的元素再聚合。順勢療法是從更高、更精神的層次往下作用，而煉丹術的製劑則是在溶液中像鹽一般的結晶體存在。

煉製香草植物酊劑並不困難，方法如下。把300到500

毫升的渣釀白蘭地倒在50到100克乾燥或新鮮的香草植物上，靜置四十天或更長時間。之後，將香草植物綁緊放在瓦斯爐上燒，直到變成黑色灰燼，把黑色灰燼研磨後再繼續加熱，直到灰燼變成灰色或白色。將這些白色的灰燼浸泡在蒸餾水中，定時搖晃泡有白色灰燼的溶液，一天過後，濾出灰燼並讓水分蒸發。重複一次這個流程，最後把得到的白色粉末加進液體酊劑。

確實有效的絲別結煉丹術處方很簡單，只需要一口瓦斯爐、幾個罐子和玻璃壺。從醫學上來說，酊劑就像香草植物一樣，只是它的效力更強，而且作用的範圍更廣。在正確的星象時刻調製的酊劑相當實用，因為一天只需服用幾滴就能見效。最具功效的服用方法是把酊劑加入香草植物茶飲，假如我們選定某種香草植物，也可以用同一種香草植物的酊劑或精露（另一種絲別結產品，比酊劑的效力更強）作為處方。如果你自己不會製作，可以在網路上買到絲別結精露，其中品質最佳的是德國 Spagyros公司。

絲別結的處理過程是分離自然界的三個形成要素：硫、汞和鹽。可分別比喻為太陽、月亮，以及上升位置。硫是精露中的能量代表，讓植物和動物能認清自我，決定

物種的生物衝動，這是熾熱的太陽作用。汞顯現的是連結的力量，是月亮的作用，沒有汞的連結，硫無法在地表產生作用。鹽的物質作用是連結硫和汞的真實角色。

香草植物中，精油或樹脂可以承載硫，酒精承載的是汞，而行星的物質部分是鹽。把渣釀白蘭地或其他酒類倒在香草植物上，香草植物中的硫和汞會被分離出來進到酒裡，鹽──物質基礎──依然存留，然後經由燃燒或煅燒純淨化。煅燒之後，用蒸餾水溶解並過濾去除所有粗糙部分。剩下的是純白色的鹽，然後將鹽加到分離硫和汞的酒裡。

事實上，這是更高、更純淨層次的重整。酊劑是整株植物的強烈純化。因為只有純淨的物質，才可以作為不純淨、不平衡狀態的處方，這個過程合乎邏輯，可以加強香草植物療癒的效力。所有作用一併由酊劑呈現，影響各個層面：靈性層面（太陽，硫）、心理-情緒層面（月亮，汞）和物質層面（上升位置，鹽）。藉由劑量變化，可以個別強調對身體或心理—精神的影響較大，劑量越少，對心理和精神層面的作用越強。煉丹術的酊劑跟更純淨的精露不同，酊劑保留了對體液的功效，精露就少了許多。精露主要按照行星及其作用的徵象選用。有毒植物可以作為精

露，但是千萬不要把它們作成酊劑。

　　純化的絲別結精露能在比體液更高的層次作用，這一點很重要，因為它被純粹的體液說低估。人體不只是四大體液的組合，讓我們真正為人的是靈性層面。先前提過的五元素就是把靈性層面併入，作為第五「元素」的乙太，讓我們與更高的精神世界連結。乙太不具有熱或濕的體液功用，但還是會伴隨其他的四元素出現，四元素全都起源於乙太。絲別結精露可說是更接近乙太，因此它的強力功效更具有調和性。

chapter 8

靈性層面：
聖賀德佳醫學
The spiritual level: Hildegard von Bingen

　　德國中世紀神祕主義者聖賀德佳修女（1098~1179），
強調心理和靈性層面對健康的影響，是最偉大的醫生之
一。她的靈視經驗最主要是描述人的靈性態度有助於疾病
的發展和療癒。聖賀德佳醫學系統的韋和德・士崔羅醫師
（Wighard Strehlow）的著作《聖賀德佳的心理治療：用靈
魂的力量療癒》（ *Die Psychotherapie der Hildegard von Bingen:
Heilen mit der Kraft der Seele* ）中，對靈視內容有系統性的
清楚介紹。這不是建基於潛意識理論的現代心理治療，聖
賀德佳修女希望透過有意識的靈性選擇和練習、冥想、祈
禱，以及水晶寶石來療癒靈魂。

　　聖賀德佳修女來自古老的中世紀，她呈現中世紀基
督教文化的許多優點，是這個時期的里程碑之一。儘管
她的方法不具理論性或推測性，但仍可以成功地應用。

聖賀德佳修女闡述的方法很有效，可以在實際操作中測試。聖賀德佳修女的靈視內容是奠定聖賀德佳醫學體系的基礎，她內心雖然對於靈視經驗常充滿恐懼，但仍莫可奈何地接受。

聖賀德佳的靈魂療法可以跟醫學占星結合，占星學的各種徵象能與聖賀德佳修女建議的寶石互為搭配。聖賀德佳修女沒有明確地提過占星學，但仍以古典占星學依據的體液系統和宇宙學為基礎。雖然這個連結被蒙上面紗，但我們可以把聖賀德佳的靈魂療法和占星學串聯起來，利用靈魂的靈性力量進行療癒。

重要的是，了解這個系統並非將疾病貶抑為靈性問題，也不像中世紀認為人會生病是因為犯了罪行。這個說法雖然已悄悄回歸到現代治療和心理學系統，但影響力仍十分有限。

我們都是罪人，很多人卻還是身體健康，所以那不是重點。最重要的是當疾病發生後，我們可以利用靈魂的靈性力量加上飲食和生活習慣等方法，以及香草植物茶、寶石、體液心理學和絲別結酊劑等療癒自己。簡單的起點是，擇善從之的人會啟動更多自身療愈靈魂的力量。

——脊椎與行星——

　　聖賀德佳醫學提出的體系是根據脊柱做出的簡單判斷。只要找出哪一個特定的椎骨受傷最嚴重（比如第三頸椎），便可結合許多方法救治。中心前提是成對的極性對立：「美德—罪惡」。積極地強調「美德」，能給予療癒的力量。在這個時代，我們可以把捨棄消極、有害的態度（如憤世嫉俗、怯懦、憤怒或痛苦），視為有意識的選擇。

　　治療方針圍繞著三十五對極性對立和與其連接的三十五對椎骨而建立。聖賀德佳利用圖像、祈禱、禁食、寶石、桑拿、運動等刺激，增進美德的發展。她的方法能透過兩種方式與醫療諮詢相關聯。首先，椎骨判斷可由物理治療師或整骨療法進行，與該椎骨的「美德－罪惡」極性相關聯，以在占星學判斷的框架中尋求進一步的詮釋。

　　第二個方法與占星學有更明確的相關，根據的是寶石和體液的行星象徵。聖賀德佳對於每個椎骨都分別配有一個寶石，希望個案在寶石力量的作用下，做出有意識的選擇，朝著正向發展。寶石是讓這種發展成為可能的最重要方式之一，因為每種寶石都跟行星能量相連（見第九章的

列表），所以我們能找到每個椎骨的相關行星。卜卦盤顯示了導致疾病的行星，因此我們可以確定哪一組對立覺受正在發揮作用。舉例來說，如果星盤告訴我們水星是病因，我們可以找出有問題的對立覺受，並且選用水星類項的寶石，像是瑪瑙、祖母綠或海藍寶。當相需和相惡原則的所有可能性都必須考慮進來時，也可以使用木星類的寶石。

我們現在做的是將聖賀德佳醫學系統轉譯成占星學術語，這個做法能看到與椎骨相關的疾病描述，像是第三頸椎的疾病，會建議使用雞血石。雞血石有助於將過度享樂帶來的傷害，轉變成為謙遜的沉默。屬於金星／火星本質的寶石，還有什麼比雞血石更適合這個行星特性？如果我們連接椎骨和疾病，也必須考慮疾病的體液性質，如追求愉悅跟黏液質有關，是渴望、沒有方向的元素。通過這種方式，我們可以將每個椎骨與體液過多和行星能量連結，醫學卜卦盤藉此能與聖賀德佳醫學系統連結。

椎骨系統分為五個主要組別。前四個組別是身體的解剖學區域，而最後一個、也是第五個組別控制的是另外三十個椎骨。

以下的椎骨列表內容依序為：椎骨編號—人體解剖位

置—對立覺受—寶石—行星。括號內是聖賀德佳醫學系統建議的，根據的是德國治療師邁克爾‧金格（Michael Gienger）的說法。

組別一：七節頸椎

【第一頸椎C1】眼睛—世俗／神聖的愛—黃色拓帕石—太陽／木星

【第二頸椎C2】聽覺—生氣勃勃／紀律—碧玉—綠寶石（雞血石）—火星

【第三頸椎C3】嗅覺—尋歡作樂／謙遜—碧玉（雞血石）—火星

【第四頸椎C4】聲音／嘴巴—無情／憐憫—碧玉（雞血石）—火星

【第五頸椎C5】喉嚨／支氣管—怯懦／信任神性—紫水晶—土星／木星

【第六頸椎C6】脖子／肩膀／扁桃體—憤怒／耐心—玉髓—月亮

【第七頸椎C7】甲狀腺／咽喉／支氣管—憤世嫉俗／生活的熱情—縞瑪瑙（瑪瑙）—土星（水星）

組別二：消化系統（胃／腸道）——八節胸椎

【第一胸椎TH1】食道／氣管／手—享樂主義／清醒—鑽石—太陽

【第二胸椎TH2】心臟／過敏—悲苦／慷慨—紫水晶—土星／木星

【第三胸椎TH3】胃／腸道／乳房／肺—惡意／善良—光玉髓—火星

【第四胸椎TH4】消化／心—說謊／事實—藍寶石（青金石）—土星

【第五胸椎TH5】消化／太陽神經叢—侵略／和平—海藍寶—水星／月亮

【第六胸椎TH6】消化／免疫系統—憂鬱／幸福—纏絲瑪瑙—土星

【第七胸椎TH7】消化／免疫系統—無節制／適度—碧玉（雞血石）—火星

【第八胸椎TH8】消化／免疫系統—冷漠／熱情—祖母綠—金星／水星

第三組別：代謝、泌尿生殖系統、免疫系統──四節胸椎和三節腰椎

【第九胸椎TH9】消化／泌尿生殖系統／免疫系統─傲慢／溫順─白水晶─月亮

【第十胸椎TH10】消化／泌尿生殖系統／免疫系統─嫉妒／慈善─纖蛇紋石─金星

【第十一胸椎TH11】消化／泌尿生殖系統／免疫系統／泌尿道─野心／創造的崇拜─祖母綠─金星／水星

【第十二胸椎TH12】消化／泌尿生殖系統／免疫系統／淋巴系統─叛逆／服從─瑪瑙（碧玉）─水星（火星）

【第一腰椎L1】消化／泌尿生殖系統／免疫系統／腹股溝／背部─缺乏信仰／信仰──藍寶石（青金石）─土星

【第二腰椎L2】消化／泌尿生殖系統／免疫系統／身體下部的循環─絕望／希望─祖母綠─金星／水星

【第三腰椎L3】消化／泌尿生殖系統／免疫系統／子宮／膀胱／膝蓋／雙腿─放蕩／簡樸─藍寶石（青金石）─土星

第四組別：膝蓋、臀部、腿——兩節腰椎、五節骶椎和一節尾椎

【第四腰椎L4】消化／泌尿生殖系統／免疫系統／臀部／膝蓋／腳—不公正／正義—海水藍寶—水星／月亮

【第五腰椎L5】消化／泌尿生殖系統／免疫系統—散漫／果斷—祖母綠—金星／水星

【第一骶椎S1】消化／泌尿生殖系統／免疫系統／腿部循環系統—無神／合一—鑽石—太陽

【第二骶椎S2】消化／泌尿生殖系統／免疫系統—不穩定／堅定—黃色拓帕石—太陽／木星

【第三骶椎S3】消化／泌尿生殖系統／免疫系統—關心物質／基本信任—纏絲瑪瑙—土星

【第四骶椎S4】消化／泌尿生殖系統／免疫系統—固執／態度改變—碧玉（雞血石）—火星

【第五骶椎S5】消化／泌尿生殖系統／免疫系統—成癮／自由—鑽石—太陽

【第一尾椎Co1】消化／泌尿生殖系統／免疫系統／脊柱—不和諧／和諧—玉髓—月亮

第五組別：五大影響 ──四節尾椎和顱骨

【第二尾椎Co2】控制第一頸椎到第七頸椎的第一組別（七節椎骨）─缺乏尊重／尊重─紫水晶─土星／木星

【第三尾椎Co3】控制第一胸椎到第八胸椎的第二組別（八節椎骨）─不穩定／穩定─碧玉（雞血石）─火星

【第四尾椎Co4】控制第九胸椎到第三腰椎的第三組別（七節椎骨）─易感性／精神指引─藍寶石（青金石）─土星

【第五尾椎Co5】控制第四腰椎到第一尾椎的第四組別（八節椎骨）─掌握／放手─祖母綠─金星／水星

顱骨控制第二尾椎到第五尾椎（Co2─Co5），可以間接影響一切─無意義／生命的喜悅─玉髓─月亮

　　非常消極的態度可能會引發問題，改變態度將有助於痊癒。

　　在聖賀德佳醫學中，多數寶石被提到的次數不止一次，說明寶石可能具有多種作用。如果知道誘發疾病的是哪個行星和體液，實際上就有好幾種可能性提供選擇。一個行星不只存在一組對立覺受中，但因為聖賀德佳醫學也提到身體特定部位的疾病與脊椎表現相關連，所以有可能

根據卜卦盤，選擇與疾病相關的正確主症。

身體可分為四個區域：前七節椎骨跟頭部和感官相關；第八椎骨到第十五椎骨跟胃和腸道相關；接下來的七節椎骨跟腎臟、肝臟、性器官和相近的其他器官相關，再接著八節椎骨跟臀部和腿相關。最後五節椎骨是一般性，無特定器官。

為了說明這是如何運作的，我們可以看看第二部提到的消化問題卜卦盤（圖7），在這張卜卦盤中，天秤座的金星是疾病的起因。在聖賀德佳醫學系統中，消化道的患病部分落入第二解剖區，這區椎骨的神經束控制消化道。我們必須找出連接火星或金星寶石，同時也吻合體液過多和整個臨床表現的椎骨。第十節椎骨跟具有火星／金星特性的紅玉髓相關，第十四節椎骨的雞血石也具有相同特性。與第十四節椎骨連結的主題是「無節制」（拉丁文immoderatio）對上「適度」（拉丁文discretio），這個判斷也吻合病情和體液過多的狀態，血液質是擴張的體液並且即將越過該有的界線。

在這個體系中，「無節制」在任何層面都被描述成無政府狀態和革命時期，代表的形象是狼。聖賀德佳提供一

系列的方法幫助身體回到適度狀態，例如正確進行溫和的禁食和運動，並且奉行中庸之道。雞血石能為這樣的過程提供支援，將雞血石含在嘴裡可以提神，使個案專注，對於個案所持的極端觀點也有作用。在韋和德‧士崔羅醫師的著作中，每一節椎骨都跟一系列的靈性療癒有系統性的連結。

這與現代心理治療和佛洛伊德單方面側重潛意識分析的兩難情境相當不同，傳統的聖賀德佳心理治療偏向個體做出有意識的選擇並培養正確的態度，而不是去挖掘潛意識，它的實現建立在確切了解禁食和佩戴水晶寶石等多種方法所帶來的成效基礎之上。潛意識在傳統中的另一個名字是保持閉合，真正的療癒不是來自潛意識的靈魂層面，而是來自覺知和行動。

結合聖賀德佳的靈魂療法，為豐盛的療癒方式注入了重要的靈性層次。我們可以向個案推薦這點，它的成效不容低估。有個案因為苛刻無情的態度導致嚴重的疾病，當個案的態度轉變成仁慈厚道，問題點一經解決，疾病幾乎立即消失。

並不是說每種疾病都有靈性─心理因素，這樣的說法

過於極端。先天的體質虛弱再加上後天的不良習性發展，錯誤的飲食和生活方式也可能引發疾病。它所揭示的是，如果疾病已經顯現，可以啟動靈魂的精神力量實現療癒。

聖賀德佳概念的分析：

1. 透過醫學卜卦盤判斷疾病的原因，從行星尋找過多體液。
2. 找到疾病發作的解剖區域，並用聖賀德佳的椎骨方法查證。
3. 選擇符合疾病原因的對立覺受（透過相需／相惡原則找出行星和過多體液）。
4. 從列表中選擇最有可能的一對椎骨。體液過多的性質（主動和越界的是火元素和風元素、被動和放縱的是土元素和水元素）。導致疾病的行星性質和症狀的性質都非常重要。
5. 選擇與椎骨相關的靈性療癒方法再結合對立的「罪惡—美德」，作為醫學占星會診的一部分。本章第一段提到的韋和德・士崔羅醫師的著作，為每一對「罪惡—美德」提供一整套更進一步的診療方案。

chapter 9

水晶寶石
Precious stones

——路西法（Lucifer）的王冠——

　　正如前面章節所言，如果考慮借用水晶的神秘力量，聖賀德佳是帶領我們前往正確方向的不二人選。十二世紀的神秘主義女先知不是占星學者，但人們不一定從占星學，反而是從神秘主義者、神學家和神話故事了解到星空之美，聖賀德佳也用一樣的方法觀察到水晶寶石的本質。

　　聖賀德佳筆下的那頂鑲有寶石的王冠，原本是神授予祂最強大的僕人——黎明天使路西法的。但正如我們所知，如此崇高的位階超越黎明天使路西法應得，因為路西法不願意服侍神，後來甚至違背神的旨意。路西法誘騙三分之一的天使軍隊跟他站在同一陣線，儘管他最終還是輸了這場戰役。沒有人能反抗全能的神還贏得勝利，任何一

次叛亂都沒有僥倖的機會。路西法因為他的叛亂受到懲罰，與同夥一起墮入地獄成為撒旦。他在光明戰鬥中的天使盟友淪為忿忿不平的惡魔的黑暗軍隊，他們為人類帶來災禍，直到時間的盡頭。黎明天使在被逐出天堂、墮入黑暗地獄之前，王冠必須摘下，鑲嵌在王冠上面的寶石，被神命定成為現今的世俗凡人。

聖賀德佳描寫的這個神話故事，告訴我們寶石蘊藏著非常純粹的能量，源起於黎明天使墮落之前的純淨世界。這說明了寶石的純淨能量，可以用來矯正不純粹或功能不全的能量。這是聖賀德佳把寶石作為帶領人類去往更好、更光明境界的一項工具。例如，祖母綠有助於把絕望變成希望，縞瑪瑙能把沮喪變成愉悅。簡單地說，水晶能將最好的帶給我們。我們可以將寶石用於醫學卜卦占星，其中包括與其相關的行星徵象。

行星的尊貴力量可透過寶石的實體樣貌呈現。紅寶石就像太陽在獅子座，可以用來強化太陽的能量，它的純淨能量能把羸弱的太陽能量提升到更高的層次。每一種寶石都被行星的力量烙上「標記」；行星用它們的能量詮釋寶石，寶石的特性展現在它的效用、顏色、產地和質地上。

寶石的特性有助於清楚分辨其歸屬的行星，但無法立即察
辨，需要經驗和謹慎用心。

有的寶石被分配給兩個行星，所以寶石不只有單一特
性，這種情形讓人不易分辨，也是造成寶石特性相互矛盾
的原因之一。此外，顏色不同的同一種寶石可能隸屬於不
同的行星。在吠陀占星學（Vedic astrology）中，藍寶石
（sapphire）是土星的寶石、黃寶石（yellow sapphire）是
木星的寶石，這表示兩個行星能量都在同一種寶石產生作
用，而不同的顏色分別顯現出最有力的行星能量。

如前所述，行星徵象讓我們在醫學卜卦的基礎上，可
以更廣泛地使用寶石。我們能比聖賀德佳醫學更進一步，
先做出靈性判斷，再將寶石運用在椎骨系統；將每種寶石
連結行星，以此作為療癒的方法。醫學卜卦盤可以根據某
一種過多的體液，找出能量不平衡的行星，然後用適切的
寶石調整不平衡的狀態。

── **特性** ──

為了讓這個體系的作用為人接受，我們必須確認哪一

個行星作用在哪種寶石。行星是動態的力量、事實的存在，行星的「意象」總能在具體物體中看到。我們也能用相同的方法辨識香草植物，如聖約翰草是一種太陽行星類的香草植物，可以療癒憂鬱的情緒。然而，香草植物特性的混合程度更錯綜複雜，需要多年的實務經驗，才能確認每種香草植物具有的各項特性比重。

幸運的是，寶石比較容易清楚分辨，雖然有時看到一種寶石有多種特性，但不至於像香草植物那樣複雜，很多情況明顯是由某一顆行星決定寶石的作用。這很合乎邏輯，因為寶石的性質完全不同，它們被鑲嵌在路西法的王冠，而香草植物在自然循環的大地中生長，是四季更迭的一部分。正如聖賀德佳醫學所強調，寶石以其純粹、穩定和平衡的特性區分自身的不同。

因此，確認寶石的行星性質比香草植物的行星性質更容易，我們可以使用不同的方法找到合適的行星。首先，我們必須認真研究，也要審慎實證結合行星與寶石的古老文本。教條主義的觀點認為過去人們寫下的一切都絕對真實，但字面的資料不代表應用在占星學上確實具有效用。

其次，重要的是觀察寶石的作用，根據自身的經驗並

閱讀現代寶石治療師的著作，建立起屬於自己的知識。例如優秀的現代德國治療師邁克爾・金格清楚寫下寶石的影響力，他的論述來自於實務經驗。下一步是判斷寶石的顏色、特徵和整體外觀是否符合某個特定行星。透過這種方式，我們通常可以找出哪個寶石該分配給哪個行星。

為了說明如何運作，我們先以藍玉髓為例。它在古典占星學的資料中不常提到，但是在聖賀德佳系統中非常重要。根據幾位權威人士的說法，藍玉髓的作用是加強言語的力量（「演說者的石頭」），且使人冷靜。這類寶石作用在粘膜和淋巴液等體液，可促進荷爾蒙的分泌、降低血壓，並刺激哺乳母親的乳汁分泌。簡言之，藍玉髓是可以調降能量水平的寶石，使我們平靜下來，並且與身體的體液密切相關。

此外，玉髓相對溫和，主色調是美麗的粉紅色、藍色和白色。現在我們仔細地察看七個行星，一一比對找出正確的行星。由於玉髓的性質是平靜和流動，所以不是太陽或火星。在色澤方面，對木星來說太過於平靜、溫和。玉髓對土星來說太過可愛，類比於液狀的性質也不像土星。跟金星比較相近，但金星的顏色多是綠色，所以玉髓不具有金星的典型樣貌。

　　現在我們剩下月亮和水星。玉髓被稱為演說者的寶石，在這種寶石或其本質的協助下，連口吃者都可以更輕鬆地說話。這點似乎是指向水星，但玉髓不全然擁有水星的特性，水星可談論各樣話題或咄咄逼人，水星跟液體的流動也沒有相關。所以最後只剩下月亮，月亮幾乎百分之百符合玉髓冷靜、柔和與流動的性質。

　　但為什麼像玉髓這種月亮的寶石，竟是以演說者的石頭的稱號而廣為人知？傳統上，月亮是心智和靈感，水星只是表達的渠道，水星是由月亮所餵養。如果你想提升演說能力，可以使用像祖母綠或海藍寶，但是玉髓會在更深的層次發生作用。月亮的功能運作良好，就會文思泉湧，因為餵養水星的月亮跟太陽連結，是真理的靈性源泉。

　　以下列表是根據上述方法推演而來。這個系統已經通過檢驗，但在某些情況下仍可能存在疑慮，尤其是當兩顆行星在同一種寶石作用時，括號內提及的就是第二顆行星。

水晶寶石的行星特性

【土星】：方解石、黑曜岩、方鉛礦、銻礦（火星）、空晶石、鋰雲母、紫水晶（木星）、青金石（木星）、藍寶石、纏

絲瑪瑙（瑪瑙組合：火星）、紫龍晶、茶晶、虎眼石、鷹眼石、舒俱徠石、彼得石（青石棉）、白鉛礦、董青石、矽化木、黑碧璽、石鹽（火星）、磷灰石（太陽）、黑煤玉、螢石、閃鋅礦、霰石。

金屬：鉛。

顏色：所有暗色系。

【木星】：綠松石（月亮／金星）、托帕石、拉利瑪、捷克隕石、藍線石、錫石、鋯石。

金屬：錫。

顏色：天藍色、紫色、藍綠色。

【火星】：赤鐵礦、碧玉、雞血石、藍鐵礦、磁鐵礦、鐵虎眼、莫哥石、光玉髓（金星）、橙紅玉髓（金星）、石榴石、玫瑰石、魔奇瑪瑙（鷹石）。

金屬：鐵。

顏色：紅色、鐵色。

【金星】：蛇紋石（月亮／火星）、矽孔雀石、綠玉髓、翠

銅礦、孔雀石、藍銅礦、軟玉、玉、綠簾石（火星）、橄欖
石（火星）、玫瑰石英、東菱玉、陽起石、蘇來石、紅紋石
（火星）、蛋白石（水星）、綠石英、珊瑚、天河石、祖母綠
（水星）、亞歷山大石。

金屬：銅、鎳、錳。

顏色：綠色。

【水星】：祖母綠（金星）、綠柱石、海藍寶（月亮）、蛋白
石（金星）、瑪瑙、碧璽（特殊案例見後續）、硃砂、藍晶
石、火石、長石。

金屬：水銀。

顏色：變化多端，多彩多姿。

【太陽】：琥珀、黃水晶、紫黃晶（黃水晶／紫水晶組合〔土
星〕）、金綠石、黃鐵礦、能量陰陽石、白堊黃鐵礦、紅寶
石、正長石、太陽石、尖晶石、地王拓帕石、髮晶、磷鋁
石、鑽石、重晶石。

金屬：黃金。

顏色：黃色、金色、橙色。

【月亮】：珍珠、月光石、水晶（太陽）、玉髓、鋰輝石、紫鋰輝石、拉長石、石膏（火星）、苔瑪瑙、摩根石（金星）、方解石、白雲石、魚眼石、藍石英、葡萄石、硬石膏、菱鎂礦、天青石、黑雲母。
金屬：銀。
顏色：銀色、白色、淺藍色、粉色。

　　重要的是理解寶石能被區分的原因之一是它們的行星特性不同，如果具有比例完全相同的行星力量，就可以說它們是同類的寶石。由於它們明顯不同，所以在行星性質上的差異和其他特徵，可用占星學的專有詞彙來表示。因此，所有歸類為火星的寶石，都會因為組成的火星和其他行星力量的比例不同而有不同。還有一些其他因素也很重要，例如形成原理。
　　具有鐵質外觀和強烈加熱效果的赤鐵礦（這種礦岩可能使炎症惡化），是由火星支配。然而，橙紅玉髓（紅橙色，活化、止血）也含有金星能量，威廉‧利里在《基督徒占星學》提到橙紅玉髓是金星類別。這不全然正確，因為這兩種

寶石都擁有火星強而有力的能量。水星讓我們看到其用途的多樣化所能達到的最大值，這或許是因為行星性質是由靈活、多變又彼此串聯組成。

以類別眾多的瑪瑙為例，它們擁有水星的性質，可以帶來全方位的療癒作用，原因是特定的瑪瑙也具有其他行星的性質。因為水星很容易流動，使得第二個行星能夠與其他能量聯在一起，但不代表這類寶石會失去水星性質。

若要討論更多瑪瑙的作用，可以進一步觀察瑪瑙的特性和外觀。眼石瑪瑙看起來像眼睛，所以會作用在眼睛；火瑪瑙可以用來對抗流感，因為它會刺激療癒之熱（發燒的火把引起疾病的過多黏液質蒸發）；水瑪瑙對子宮有益處。透過賦予其特性和影響的不同能量，可以區分瑪瑙的種類。

碧璽是一個難以定義作用的寶石。碧璽有許多種類，吠陀占星學根據它們的顏色，分別歸類於五個不同的行星。碧璽可以盡情展現水星的多變特性，碧璽也受其他的行星支配，例如黑色碧璽由土星支配。讓人想不透的是，古阿拉伯人把碧璽配置給太陽，或許是色彩多變的碧璽，就像太陽光射入水滴生成彩虹。令人驚訝的是，西瓜碧璽可以強力對抗多發性硬化症和癱瘓。多發性硬化症是冷和

乾的神經系統疾病（水星），碧璽的多元性明顯涵蓋水星修復神經系統的強大力量。

　　在實務中，我們根據各種標準選定一種療癒寶石。首先，這個寶石的顏色應該相惡於誘發疾病的過多體液。黏液質過多時，以紅色寶石讓黏液質流動；風元素過強，以黑色寶石抑制；火元素過多，用綠色或藍色寶石；黑膽汁過多，用黃色寶石。有時我們也會以相需原則，如深藍色的青金石可以對抗黑膽汁，所以應用時不需拘泥或過於僵化。第二，更重要的是，支配寶石的行星能量要以相需或相惡原則作用在造成疾病原因的行星，這是主要的選定標準。

　　第三，四正星座應該符合寶石的形成原則。最原始的岩石是在岩漿流出地表後立即形成，跟啟動星座相呼應；第二種岩類是經過侵蝕造成的沉積岩，跟固定星座相呼應，而第三種變質岩則是跟變動星座相呼應。仔細地端詳寶石，可以看到這些細節。第四點是症狀的影響。如果這四個標準全都符合，我們才能找到最適合的寶石，不應該只依據症狀挑選。

　　我們要保持彈性，這樣才能將古老文獻、現代資料、

寶石外觀、顏色、經驗和觀察相互結合，找出可以匹配的行星特性。即使這樣做也不是永遠正確無誤，前述內容還是可能有些改變，但這是有效應用的良好基礎。

——行星軸——

按照相惡或相需原則作用所成的對立分類，在醫學占星上很重要：金星—火星、水星—木星、太陽—土星，以及月亮—土星。以雞血石為例，它是火星寶石，也受金星主管。雞血石可以削弱火星的熱，也能用火星的力量燃盡黏液質，使黏液質乾涸。這點可以在實務中檢驗，因為雞血石能對抗竇腔中的粘液（鼻竇炎），也可以帶走可能導致心悸的過多黃膽汁，使心臟跳動正常。如果將雞血石用於此，雞血石會變得溫熱。

寶石可以用來（根據庫爾佩珀提到的原則）對抗在與主管星座相惡的行星疾病，就連尊貴力量的相需原則也適用，例如雞血石（火星）刺激免疫系統（土星），因為火星入旺於土星主管的摩羯座。選擇的標準取決於卜卦盤的實際情況。如果病因是位於射手座的炎熱火星，從火星在射

手座觀察得出，因為黃膽汁過多，火星原本無法正常運作。我們應該給予濕和冷的食物，再加上香草植物澆熄火元素。當火元素達到平衡狀態時，火星會再次正常運作。

我們也可以藉由調整火星能量，協助療癒過程，依照相需原則選用火星的寶石可以達成這點。然而，假如選用的是極度火星的寶石，像是赤鐵礦，效果可能不會很好，比較好的選擇是混有一點冷卻效果的金星能量，像是雞血石。另外也可以用色澤進一步篩選，如果主色是綠色，更具有冷卻的效果。我們可以根據醫學卜卦盤，考慮相需／相惡原則、顏色和寶石的多樣特性，選擇效用最佳的寶石。

療癒的基本原則是運用疾病深層原因的相需／相惡原則，為狀態不平衡的行星帶來修正和療癒的效果。這是純粹淨化的概念，而寶石是純淨的，所以它們能讓生病的行星回到平衡的狀態。某些過多體液使得行星的能量狀態不平衡，最後演變成疾病的根源。療癒過程會先選擇相需原則（用火星的寶石調整火星），因為單刀直入的方式比相惡原則更具有力量，但是我們也要考慮多方因素。假如疾病是必然無力的行星造成，最好用更有力的相惡能量來療癒。

透過相需／相惡原則的廣義詮釋，可以正確地挑選寶

石。月亮的寒性寶石能用來對抗火星的熱，冷和乾的土星
跟樂觀大吉星木星的溫、濕能量也有明顯的相惡關係。行
星的體液性質會起一定的作用，相需／相惡原則也可以通
過行星入旺來運用，行星在相需原則下，會幫助入旺星座
的主管行星（例如金星能幫助木星）。最重要的是要保持彈
性，帶著一般常識運用這些體系和原則方法。寶石跟香草
植物不同之處是，香草植物比較強調體液的影響，而寶石
的焦點則是在行星的能量。

——應用——

很多方法可以將寶石的能量帶入身／心系統。寶石透
過直接跟皮膚接觸產生作用，佩戴戒指或手鐲並無法直接
接觸皮膚，達不到很好的效果。假如希望寶石在身體某個
部位產生局部的作用力，我們可以每天在特定時段將寶石
放置在身體上，這個方法相當實用。假如我們想要更多心
理或靈性的效果，可以在不直接接觸寶石的情況下冥想。
在輕鬆的氛圍下認真凝視寶石，大約15分鐘就足夠，凝視
某樣物體時會產生能量交換。

　　寶石的精露也很好用。製作很簡單：將寶石洗乾淨，放入裝有液體的玻璃瓶中，然後蓋上蓋子。如果使用水（低礦物質含量，玻璃瓶裝！）浸泡寶石，只要一個晚上，第二天早上就可以飲用寶石水（不要用銻礦、藍銅礦、孔雀石、埃拉特石、方鉛礦、螢石製作寶石水）。寶石的能量會轉移到水中，但寶石水無法保存太久，很快就失去能量。如果我們用酒精製成精露，能量可以保留長一點的時間。這種做法非常實用，也可選用專門製作精露的香草植物專家調配好的成品。

　　用白蘭地或渣釀白蘭地浸泡寶石幾個月，然後將精露保存在小瓶子裡，同時加入一顆白水晶浸泡，可以進一步增強寶石的能量。吠陀醫學的方法更實用：先用牛奶沖洗寶石，再用水洗乾淨，然後放入純度百分之九十的酒精約十二小時，貯存的玻璃容器要先經過日照。十二小時之後，精露（或酊劑）即可使用。這些酊劑的效果很強，只要幾滴就能產生作用。另外還有寶石煉丹酊劑，效果甚至更強。總的來說，劑量越少，效果越弱。

——**案例**——

現在，我們回到第二部討論的醫學問題卜卦盤（圖6），以此說明如何規劃療程諮詢。關於乾癬的情形，卜卦盤顯示黏液質過多是主因。一開始都先從飲食切入，個案應該多吃第七章列出的乾和熱的食物，避免濕和冷的食物。也可以吃一些溫暖潮濕的食物，但份量不要太多，因為一部分的問題是來自於濕。

這個建議為個案帶來巨大的改變。數年前，中醫師曾建議個案吃冷和濕的食物，卻讓病況更加惡化，也許在當下是正確的建議，但是身體後來變得更加冷和濕，以至於冷的飲食不再有幫助。將飲食改成熱和乾的食物後，很快地見到成效，乾癬不再發作，身體也不再覺得沒有能量。感覺身體缺乏能量，是典型的黏液質過多的表現。此外，這個個案狂熱地運動，所以也建議減少運動，因為運動會耗盡火元素，而我們需要火元素蒸發過多的黏液質。卜卦盤也清楚顯示狂熱運動的徵象：火星（運動）位在水象星座（疲憊）。

由於病情急轉直下，而且預後（若沒有接受治療）並不樂觀，所以也建議喝香草植物茶。病人可以遵照尤那尼傳

統醫學的方法，薩德爾斯也提到一些熱和乾的香草植物，像是百里香、香芹根、蕁麻和苦蒿。這個案例我們會選擇跟火星相需的香草植物，如百里香和蕁麻，因為火星在卜卦盤中力量很強，蕁麻對皮膚會產生作用。薰蒸的方式特別適合用在皮膚的狀況。這味土星類的香草植物對皮膚有益，也可以減緩熾熱的火星能量。我們選用這個香草植物改善生病的器官，並且遵循庫爾佩珀的理念，按照相需原則選用香草植物，給予這個器官力量。

絲別結酊劑能進一步加強效果，例如蕁麻的酊劑可作為火星的香草植物。蜂膠是另一種有利皮膚的處方，非常適用於皮膚疾病。蜂膠是蜜蜂從白楊樹的芽苞採集汁液製造的樹脂，就像第二層皮膚，可以用來修補和保護蜂巢不受外界感染。因此，蜂膠製成的絲別結精露，絕對安全而且可能帶來奇蹟般的效果。

我們也可以開立寶石處方。個案的問題是火星，所以要找金星／火星軸上的寶石。我們可以選擇結合火星／金星能量的紅碧玉或雞血石，它們不是熱性很強的寶石，而金星的冷卻作用可以調整火星使能量平衡，同時在兩個面向都會作用。雞血石的火星能量可以調整狀態不平衡的火

星，金星能量可以減弱熾熱火星的過度活動和自信。

聖賀德佳醫學系統的判斷顯示，最痛的地方位在第六節椎骨，這節椎骨的主要課題是「憤怒和耐心」。正確無誤！聖賀德佳醫學系統顯現的形象是，一個骨瘦如柴的人在跑步機上咔嗒咔嗒地跑著，清晰反映了個案對運動的狂熱。無節制（黏液質）的憤怒（火星）引發疾病，憤怒又轉往身體本身。聖賀德佳醫學系統認為，皮膚脫落的疾病是憤怒的症狀。療癒方法：禁食十天，期間穿著簡單的衣服；用按摩刷按摩，用栗子萃取物淋浴並且有意識地培養更多耐心。

藍玉髓可以做為協助療程的寶石。藍玉髓具有強大的平靜人心功效，也跟人體的體液相關。藍玉髓在調整體內水元素平衡的同時，也能緩減中燒的怒火。在這個案例中，藍玉髓作用在行星能量，也能平衡體液。藍玉髓可以跟雞血石搭配，可以穿戴雞血石項鍊，同時服用藍玉髓的酊劑或精露。

如果問題的原因是其他體液和行星，我們可以用寶石規劃一整套療程，讓處方在多個層次作用，透過飲食、香草植物、寶石、煉丹酊劑、改變生活習慣、心理覺知和

靈性練習對抗疾病。醫學問題的卜卦盤能提出系統性的分析，而多樣療程的選擇更大大增加了療癒的機會。

III

手術、擇時和預防
Operations, Elections & Prevention

chapter 10

手術和治療方法的提問
Questions on operations & treatments

──火星─手術──

　　醫學占星實務中遇到的提問，包括醫生提出的治療方式和手術的評估。醫學占星可以為個案針對這類問題治療方法的回答，幫助避免不必要的手術。第五章我們討論了一個清楚不過的案例，個案經過占星諮詢後，將醫生認為該進行的緊急手術延後。而卜卦盤呈現的應期是正確的，三個月後，個案在沒有接受手術的情況下完全康復。

　　占星協助我們洞察療程或手術的效果，卜卦盤中相關代表因子之間的容納關係，對於這類問題格外重要，因為顯示了手術對身體和病情的影響。假如提問評估療程，必須看十宮的主管行星；如果問題的唯一考量是手術，則要看火星；雷射治療跟外科手術一樣都看火星，因為雷射光

束的切割，屬於火星的特性。

　　分析這類問題的卜卦盤，要看十宮主星或火星的力量和影響力，代表因子／徵象星最好能擁有很多必然尊貴，表示治療會帶來強而有力的好結果；越少尊貴，治療的力度就越小。火星入陷在十二宮，治療結果應該不太樂觀，手術帶來的幫助有限。但如果行星位置與真實情況相符，就不作負面結果看待。假如是關於足部的問題，十二宮恰好是足部的代表宮位，即表示足部是要進行手術的部位。

　　比尊貴位置更重要的是，跟一宮主星形成容納關係或定位關係的行星，代表性的問題像「療程或手術對於身體的影響？」便是由一宮主星來展現。假如手術的代表因子跟一宮主星是負向容納，表示手術對身體不利，不應該進行手術。當然，對於個案提出的問題，必須做通盤考量。有時我們的選擇有限，只好接受療程對身體所造成的傷害。

　　定位星也同等重要，其顯示的是一個行星勝過另一個行星的力量。假設一宮主星位在十宮主星的廟宮或旺宮星座，治療的強度可以遍及全身，是非常樂觀的徵象。

在分析容納和定位星時，也要把疾病原因一併考量。
假如治療有壓制疾病的作用力、或與疾病形成強而有力的
互容關係，當然結果是相當樂觀的。在這種情況下，對於
疾病有正面的影響。

一宮主星和十宮主星或火星依然是分析時最主要的代
表因子，否則分析的過程將變得十分複雜。例如，十宮主
星是一宮主星（代表疾病原因）的定位星，同時容納入弱的
一宮主星，好的一面是治療的力量會勝過疾病，但身體也
會因為治療受到傷害。實際狀況的考量最為重要，即使治
療會對身體產生負面影響，我們還是要根據整體情況來決
定是否應該治療。

在第二部的第四章我們討論到一個特別的案例，關於
甲狀腺亢進引起的急性骨質疏鬆症，這是由於黃膽汁過多
造成的問題。個案提問的是，醫生提議切除甲狀腺是好的
治療方案嗎？卜卦盤中（圖4），火星是手術的代表因子，
然而火星本來就是一宮主星，我們必須找到另一個手術的
代表因子，這樣才能辨別身體跟手術的關係。在此可以考
慮六宮主星（第六宮是治療疾病的地方），但它的主管行星
也是火星。另一種可能性是觀察手術／治療點。在日間盤

中，這個特殊點的運算公式為上升度數＋土星－火星；夜間盤則相反（上升度數＋火星－土星）。推算火星至土星之間的間距度數，再以上升位置為起點，投射至相同間距的位置，得出手術／治療點落在天秤座11度。手術／治療點的定位星可作為手術的代表因子，因此金星代表手術，我們必須分析金星對代表身體的一宮主星的影響。

　　金星落在巨蟹座，火星入弱在此，同時擁有三分性力量。所以手術（摘除甲狀腺）對身體有非常強的負面影響（因入弱形成負向容納），而正面的影響較薄弱（因三分性形成正向容納）。如果情況允許，最好不要進行手術，因為手術對身體的傷害大過助益，最好可以先用天然香草植物調養。手術的代表因子（這個案例是金星）很快就要進入獅子座，緊跟在疾病原因的水星後面，情況一點都不樂觀。對水星來說，進入熾熱的獅子座也有很大的問題。如果進行手術，對水星同樣有傷害，這是另一個接受手術非明智選擇的跡象，寧願選擇其它可能的治療方式，也不要讓手術帶來強大的負面影響。

——治療方法——

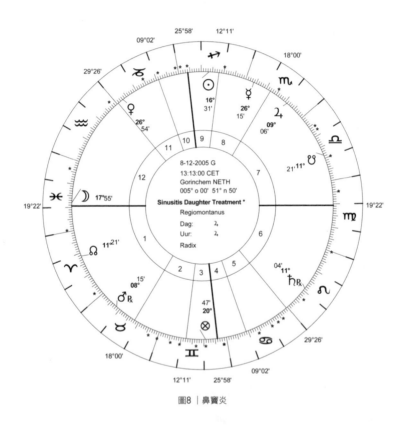

圖8 │ 鼻竇炎

接下來的卜卦盤是分析治療的案例（圖8）。問題是用
抗生素和可體松治療慢性鼻竇炎，但只能緩解症狀，隨著

炎症不斷復發，醫生開出的劑量越來越重。這個問題是由母親替她的孩子提問，孩子的健康以第五宮代表（第五宮代表子女）。五宮主月亮位在雙魚座。如果詢問者所提的問題是關於另一個人的，那麼我們要觀察代表這個人的宮位，並以這個宮位作為新的第一宮進行操作，稱之為「衍生宮」。

我們看到這顆行星落在跟它體液性質相符的星座。月亮是冷和濕，雙魚座也是冷和濕，表示月亮的定位星不一定是造成身體不舒服的原因。然而，在此還是可以將木星當成疾病的原因，因為木星在天蠍座，而月亮入弱於天蠍座，木星對月亮有負向的容納關係。木星位在固定星座的天蠍座，意指黏液質過多，這點符合實際的病況。月亮剛剛離相位於太陽，表明疾病為發炎性質。但這不是討論的重點，卜卦的問題是想知道哪一種治療方式比較好。從第五宮子女宮起算的第十宮主星為金星，落在摩羯座，顯示小孩現正在接受治療。金星會給五宮主帶來什麼影響？十宮主負向容納月亮（月亮入陷在摩羯座），終究還是給身體帶來傷害。然而，金星入旺於雙魚座，所以治療將對身體產生極大的影響。

　　雖然這種療法有效地解除症狀，但疾病並沒有被根治，反而讓身體越來越冷，病情也因此一直持續。金星在摩羯座，一個冷性行星位在冷性星座，對於冷性疾病來說，不是正確的治療處方。再者，五宮衍生的十宮主星落在月亮陷宮，對身體造成傷害，金星入陷於天蠍座，和代表病因的木星形成帶有傷害的負向容納。醫學占星諮詢的結果使病情有所改善，但從十宮主星對身體的影響來看，這樣的結果不令人意外。熱和乾的香草植物和食物可以成功地將過多的黏液質蒸發。

chapter 11

醫學擇時
Medical elections

──卜卦擇時──

醫學占星提供的另一種可能性是為手術或療程擇時，我們可以選出進行手術或治療方法的最佳開始時間。個案想知道進行手術的最佳時間，如果卜卦盤中手術的代表因子往最佳位置移動，這類問題就相對簡單。移動距離的度數可以換算成合適的時間單位，通常是幾週或幾個月。

卜卦盤相當實用，因為它顯示的是粗略的應期，而不是精確的時間。當然，我們也可以計算出精確完整的擇時盤，問題在於難以要求醫生治療的時間，因為擇時盤是以「分鐘」（為單位）在變化，「吉時」往往只維持數分鐘。若要使用精確完整的擇時盤，個案必須能全面掌控整個醫學過程，只有這樣才能精確掌握起訖時間。在實際運用上，

大概只有服用藥物的時間能做到如此。

　　計算一張完整的擇時盤時需要參考本命盤，否則擇出的時間將會不可靠，甚至有潛在的危險。假設擇時盤的一宮主星和十宮主星（身體和治療方法）有強而有力的互容或定位關係，看起來就比較樂觀，但也必須參看一宮主星在本命盤的狀況。多數時候，擇時盤一宮主星跟本命盤一宮主星不同，擇時盤的一宮主星甚至有可能傷害本命盤的一宮主星，這表示個案的身體在接受治療的那刻起便受到傷害。

　　在計算時沒有考慮本命盤的擇時盤是沒有效果的，這一說法同時也適用於非醫療問題的擇時盤。根據月亮位置擇時並不精確、也不具實用價值。以月亮擇時背後的概念是，月亮所在星座相對應的器官當下格外脆弱，意即月亮在巨蟹座時，不應該進行胃部手術。

　　因此，這種方式沒有多大參考價值，最好使用不需要過多推演、更為精確的卜卦盤。以卜卦盤擇時後，就無須再從星曆表計算星體的實際運行來判斷手術的時間，否則就變成另起一張擇時盤了。卜卦盤本身是一個完整的宇宙，不需要參考另一張星盤來找到答案（醫學占星之外的卜卦盤也是如此）。下面列舉一個明白易懂的卜卦擇時案例（圖9）。

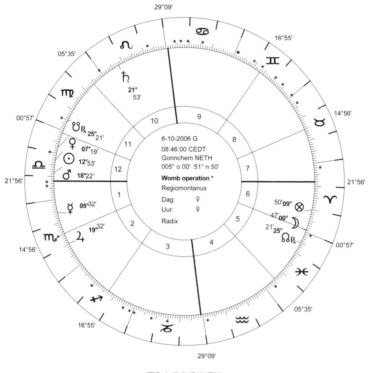

圖9｜子宮手術擇時

　　個案已經排定手術要摘除良性腫瘤，她詢問手術是否
會帶來不良影響，以及排定的時間是否為佳，還是應該延
期？這是關於手術效果和最佳時間的複合問題。案例盤中
代表手術的是火星，月亮也落在火星主管的第六宮（手術刀

的宮位）始點位置。

　　首先是手術的效果。火星位在天秤座，天秤座由金星／一宮主星（身體）主管。雖然火星在此的力量沒有勝過金星，但進行手術不會傷害身體，因為火星落在金星主管的星座，被金星容納；上升點位在角宿一，這是顆有力且明亮的恆星，可以保護身體，說明一切都會安然解決。嚴格來說，火星位於第一宮（距離宮始點五度以內），不是在模糊不清又帶有傷害的第十二宮；入陷在天秤座並不算負面，因為天秤座的解剖位置對應於即將進行手術的器官。由此看來，這個部位確實需要動刀。

　　一切都非常樂觀，但手術還是有些負面影響。我們先來看時間點。預定動刀的時間在十一月二日，原始問題問到是否有更好的時間點適合動手術。假如我們把火星的度數往後移動超過三度（一度相當於一週），對應上原來排定的手術時間，火星會正巧落在上升點跟角宿一，真是太好了！手術跟身體合相很好。如果火星繼續移動，並沒有其它好處，太陽反而會越來越靠近，嚴重焦傷火星使其變得虛弱無力。手術的代表因子被焦傷不是個好現象，焦傷意味著看不見，說明執刀醫師無法掌握所有必要的訊息。過

不久，火星將進入天蠍座，情況也不會變得更好。火星在金星入陷的天蠍座，負向容納代表身體的金星，這不是好徵象。最佳時間點是原定的時間，這是我們根據問題做出的建議。

按照計畫時間進行的手術非常成功，某種程度來說，我唯一擔心的是入陷在獅子座凶惡的土星跟上升點形成緊密的六分相，雖然問題不大，但也不見得為好。最後，手術的結果是留下一道非常、非常大的疤痕！

兩次白內障手術

這個問題是由需要做白內障手術的個案提出，他想知道最佳的手術時間（圖10）。擇時卜卦盤最重要的原則是，相關代表因子的力量越強越好。因為這是關於眼部的手術，所以火星代表手術，太陽或月亮則作為眼睛的代表因子。個案是男性，即將要進行手術的是左眼。以男性來說，太陽代表右眼、月亮代表左眼，所以月亮是這次手術最重要的行星。

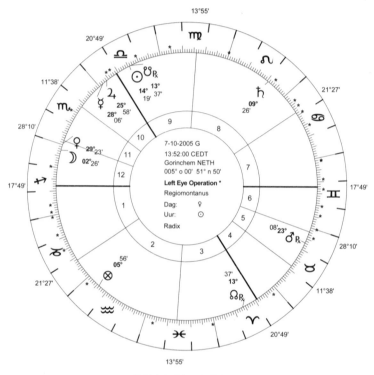

圖10 ｜ 左眼白內障手術擇時

　　我們可以從這張星盤看到「什麼時候是進行手術的最佳時間？」作為視力代表因子的月亮，位在代表損耗的凶宮第十二宮始點，同時會合具有土星／金星性質的恆星天市右垣九（Yed Prior）。恒星能進一步描述病情，在此土星象徵

角膜硬化。天市右垣九星群是蛇夫座（代表醫學）的一部分。

太陽代表另一隻眼睛，跟南交點（跟土星相似）合相且入弱在天秤座，力量也很微弱。個案的右眼之後也要動手術，但因為左眼比較嚴重，所以計畫先治療。擇時的時候，我們要找尋最佳的時間點，會把相關的代表因子移動到對其最有利的位置。很明顯，如果動手術，月亮應該要離開凶惡的十二宮。上升點是個好位置，眼睛的代表因子與代表身體的位置合相會顯得有力。

如果月亮繼續前進會遇上視同凶恆星的冥王星，冥王星之後是也不甚安全的射手座尾部區域，因為這裡有兩個恆星團：天蝎座疏散星團（Aculeus）和托勒密星團（Acumen）。星團都是朦朧的，會傷害視力清晰度。月亮的下一個星座是摩羯座，也是不佳的位置，因為摩羯座是月亮主管星座巨蟹座的對宮，月亮在此入陷。上升點是唯一對眼睛有優勢的位置，與月亮現在的位置相聚大約十五度。

這很重要，但我們也該評估其它的相關因子，比如手術的自然徵象星──火星。火星看起來狀態不佳，因為它入陷在金牛座又逆行。看來像是建議手術往後延

期，越遲動手術越好，但是對於正在惡化的視力來說，
幾乎是不可能的。再者，火星入陷其實沒有太糟，因為
它落在月亮的旺宮星座，所以火星（手術）不會傷害眼睛
（月亮），也就是說我們可以忽略入陷的火星。火星的位
置是我們在眼部手術中所樂見的，儘管它最好能落在更
好的位置。火星逆行仍然是需要考量的問題，但月亮已
經在有利的時間區間，已經無法找出更好的時間。這種
情形有時候會發生，我們必須在有限的可行區間選出最
佳的時間點。

　　火星位在月亮的旺宮金牛座，的確給我們一個警訊。
火星代表的手術「尊崇」眼睛，意味着手術過於樂觀地「看」
眼睛的狀況。這是入旺常見的徵象，這樣的容納經常出現
在關於愛情問題的卜卦盤中。所以我告訴個案要請他的醫
生格外小心，確定沒有遺漏任何事項。無論是否求助於占
星學的判斷，人們總是會擔心醫生執行手術的結果，但卜
卦盤中的確出現這樣的疑慮。

　　根據月亮和火星的位置計算，動刀的最佳時間是在
提問過後十五周，這個時間點也為火星帶來好處，因為
它不再緊鄰金牛座二十五度附近的兩個凶恆星：天船二

（Capulus）和大陵五（Algol）。月亮需要數週的時間才能走完十五度來到上升點，這是此提問最合理的時間單位。手術按計算結果在數週後進行。手術非常成功，而且沒有任何併發症狀。

個案之後又來詢問右眼的手術時間（圖11）。在星盤中，太陽是男性右眼的代表因子。太陽在金牛座十七度，位在下降點，看起來正受到威脅。太陽約在金牛座二十二度時進入凶恆星大陵五區間，手術必須在太陽進入這個區間以前進行，大約是五個星期以內。

然而更緊迫的是，太陽的位置使得右眼越來越無力：眼睛能感受到的光亮正在消失。為了不讓病況繼續惡化，手術必須盡快進行。另一個觀察點是逆行的木星剛好位在上升點，先不論這代表什麼，但它容納了代表手術的火星。木星是大吉星，擁有界的尊貴力量，而且位在上升位置，得到偶然尊貴的力量。木星擁有少許支持火星的力量，想辦法運用這股力量會有好處，所以我們必須盡快行動，使木星避免十二宮的傷害與無力。

圖11 ｜ 右眼白內障手術擇時

代表手術的火星所在位置相對中性，但是跟眼睛沒有
負向的容納關係。儘管火星是一宮主星，我們還是能把它
視為手術的代表因子。問題的重點是手術對眼睛的影響，

所以我們應該觀察火星跟太陽（右眼）之間的關係。手術可以盡快進行，結果也相當不錯，只是會有小的併發症。太陽在下降點，跟身體（上升點）對沖，不像合相那般喜樂。個案是在私人診所就診，所以能自行選擇手術的時間。

　　既然如此，我們也可以利用寶石的療癒力量為手術做準備，並且強化術後的眼部護理。在聖賀德佳醫學系統中，有關視覺的寶石是金黃玉（帶有太陽特質的寶石），應該貼近皮膚戴著，但也能做成金黃玉葡萄酒。把金黃玉浸泡在葡萄酒裡幾天，讓金黃玉的療癒力量灌注到酒裡，然後將金黃玉葡萄酒濕敷在眼瞼上，一日數次，直到不適的情況消失或恢復期結束（金黃玉葡萄酒必須一再釀製）。除了能療癒近視和弱視的金黃玉，還可以選用鋯石、綠柱石和瑪瑙。

chapter 12

預防
Prevention

——體質——

最後一章是根據本命盤給出預防性的建議。如第四章所說，醫學占星實用性強，而醫學卜卦幫助我們做出判斷。透過評估氣質（temperament）與分析本命盤裡代表疾病的第六宮，可以找出體質上虛弱的環節，提供飲食和生活作息的建議。另外，推運和太陽回歸盤（solar return chart）能事先看出身體何時會發生狀況。

本命盤中，體質分析第一部分是評估氣質。氣質表現了個體的體液組合，是非常重要的基本物質，也是進一步解釋本命盤的基礎。黃膽汁的人跟黏液質的人大不相同，黃膽汁的人個性活躍而且好鬥，而黏液質的人個性柔和、情緒化，避免衝突與過多的活動。這也是傳統心理學的基

礎，為個體行為提供清晰的心理描述。

此外，從醫學角度來說，氣質是個基點。本命盤中體液狀態越平衡，身體體質越強健。本命盤中四種體液分佈平均的人，不像黃膽汁過多的人那樣容易患病。黃膽汁過多的人容易發展成熾熱的體質，如果知道這點，就可以提出預防性的建議，比如在飲食中加入更多濕和冷的食物，並且透過大量運動和配戴藍色或綠色的寶石減少火熱的本質。

藉由這樣的預防建議，可以避免天生體液不平衡的狀態發展成疾病。必須留心太陽、月亮、上升、天頂的次限推運（四尖軸以赤經弧推進），幸運點以及一宮和六宮主星也一樣重要。例如，次運盤中若火星來到黃膽汁質的射手座，此人有可能因為太多的熱而生病，若火星又被次運的相位引動，會把大量的熱帶入身體。當次運相位變成正相位時，應該吃冷和濕的食物。如果太陽回歸盤有行星也跟這個火星形成相位，即有可能產生疾病。

再者，我們要看六宮主星的位置和尊貴力量，以及宮內星的影響。本命盤的六宮代表疾病，所以分析方式跟醫學卜卦不同。本命盤論及整個人生歷程，每個宮位分別代

表生命的不同面向。六宮主星和六宮內行星，是否跟一宮主星（身體）以及發光體太陽和月亮形成相位、容納關係，都是身體重要活力能量的依據。

我們必須考慮六宮主星或六宮內行星的必然尊貴力量。當行星擁有多種必然尊貴力量時，身體健康才不會遭受太多威脅，這個概念不同於醫學卜卦。在本命盤中，六宮主若是木星落在雙魚座，不會出現健康問題，反之，若是土星入陷於獅子座，很快就會病倒。

若用更廣義的架構評估整體氣質，可以用六宮主星和六宮內行星進行觀察，就像本命盤的其它宮位一樣。在氣質平衡的狀態下，六宮主星不會像嚴重不平衡的氣質那樣快速引爆問題。假如六宮主星是火星在獅子座，可能引起火元素的疾病，但只有在氣質為強勢的黃膽汁時才是重大威脅。相反的情形也一樣，熾熱的六宮主星處在強勢黏液質中也會帶來問題，這就像把一塊燒得火紅的石頭丟進一池冰冷無聲的水裡。

除了氣質和六宮，判斷本命盤健康狀況還有兩個極為重要的特殊點：病痛部位的疾病點，以及對抗疾病的手術／治療點（這個特殊點在骨質疏鬆症的卜卦盤曾使用）。如

果疾病點跟行星或重要位置有緊密相位，表示這個疾病是生命的重要課題，相位（容許度小於兩度）更容易帶出疾病的問題，我們常把疾病點結合氣質和六宮一併分析。手術／治療點則能看出療癒的本質和強度。

我們還要觀察特殊點的定位星。若定位星跟特殊點沒有形成緊密相位，則比較不重要。日間盤疾病點的計算公式為上升度數＋火星－土星，手術／治療點為上升度數＋土星－火星；夜間盤的計算公式則相反，疾病點為上升度數＋土星－火星，手術／治療點為上升度數＋火星－土星。

——評估氣質——

評估氣質時，我們要分析五個因素：上升星座、第一宮主星、太陽、月亮，以及所謂的勝利星 [註1]。勝利星是星盤中擁有最多必然尊貴和偶然尊貴力量的行星。促成整體氣質的這五個因素，價值同等且各自獨立，最好放入評估表格的欄位檢視。就體液說而言，我們可以用五個評估氣質的獨立項目，進一步了解每個人的「基本物質」。

評估氣質時要遵循以下規則：依照季節轉換，太陽的

註1——中文版加註：原文為 the Lord of the Geniture，應直譯為生命主，但其定義即為中世紀文獻的勝利星（Victor）。

氣質會有所變動。當太陽位在牡羊座、金牛座和雙子座時是血液質；位在巨蟹座、獅子座和處女座時是黃膽汁；位在天秤座、天蠍座和射手座時是黑膽汁；位在摩羯座、水瓶座和雙魚座時是黏液質。血液質是熱和濕，黃膽汁是熱和乾，黑膽汁是冷和乾，而黏液質是冷和濕。月亮是按照月相（lunation）評估：新月到上弦月是血液質、上弦月到滿月是黃膽汁、滿月到下弦月是黑膽汁，而最後的月相階段是黏液質。

上升星座的評估依據星座元素；而一宮主星和盤主星要看它們的性質，以及跟太陽的相對位置。如果我們將太陽移至本命盤的上升位置，所有出現在星盤地平線上方的行星即東出；反之，行星出現在地平線下則為西入。東出的意思是在太陽之前升起。東出行星可以保有自己的氣質，西入行星會考慮所在星座的氣質，這是傳統方法的其中之一。

每個因素會因為緊密相位（容許度不超過四度）和所在星座位置而進一步評估。行星為一宮主星和勝利星具備以下性質：太陽總是熱和乾、月亮總是濕和冷。東出位置：水星是熱（濕或乾由所在星座決定）、金星是熱和濕、火星

是熱和乾、木星是熱和濕、土星是冷和濕。西入位置：水星是乾、金星是濕、火星是乾、木星是濕、土星是乾，而行星所在星座則補充了冷與熱。

這是評估氣質的傳統方法之一，但還是有些不足。像東出金星應是熱和濕而不是冷和濕；東出土星是冷和濕而不是冷和乾，這些都讓人心生疑問。此外，西入行星接收所在星座的熱或冷，這個說法也值得商榷。在古代文獻中，對此並沒有明確的說法。我們唯一能做的就是在實務中多比較幾個版本的方法。

荷蘭古典占星學者喬治‧贊騰（George van Zanten）提出另一個評估方法，根據勝利星和一宮主星的行星性質，即土星的氣質永遠是黑膽汁，不論它跟太陽的相關位置為何。雖然用此方法在一些案例中會得出不同的判斷結果，但它具有邏輯值得嘗試。在實證應用上，即便它不是百分百準確，但不是太大的問題，依然可以為我們帶來啟發。下面的案例示範如何根據氣質和第六宮的分析，提出預防性的建議。首先，我們評估氣質（圖12，「黃膽汁」的本命盤）。

圖12 | 「黃膽汁」本命盤

太陽位在夏季星座處女座,熱和乾(HD)

月亮位在上弦月跟滿月之間(「夏季期間」),熱和乾(HD)

上升位置在火象星座獅子座,熱和乾(HD)

一宮主星為火元素行星太陽,熱和乾(HD)

勝利星（具有最多必然和偶然尊貴力量的行星）為西入的水星，性質為乾，位在熱/濕的天秤座，所以為其增添了熱（HD）。（在贊騰的方法中，勝利星為冷和乾〔CD〕的黑膽汁，其它的因素相同。）

五個因素全都是黃膽汁，氣質狀態極度不平衡，所以生病的機率大為增加，我們必須在飲食中額外添加濕和冷的食物作為預防。顯然在黃膽汁的階段，也就是從青春期開始，個案的健康便由火元素主導，而個案確實在二十歲左右出現慢性疾病。

黃膽汁過多

個案多年來嘗試過各種常規和另類療法，後來尋求醫學占星的意見。卜卦盤指向問題出在黑膽汁，而對抗黑膽汁過多的方法確實比個案試過的其它方法有效。黑膽汁過多造成的病況，在本命盤的六宮看到相應的徵象。

第六宮主星是土星，這個冷和乾的行星位在冷和濕的星座。第六宮內行星是月亮位在極度冷和乾的摩羯座。月亮和土星都有一些尊貴力量，但月亮入陷，土星只得到界

的力量，這顯得月亮格外具有殺傷力。一宮主星太陽跟月亮、土星都有緊密相位，讓身體跟大量的冷和乾連結，很明顯受到了乾冷的黑膽汁疾病威脅。

　　儘管如此，還是要在黃膽汁過多的整體框架中進行評估。這樣極強的熱元素會燃燒身體，強烈的熱使身體由內燃燒起來，燃燒之後留下的是黑膽汁。如果黃膽汁不經調節，長時間不受阻礙地燃燒，最後結果會導致黑膽汁過多。強勢的黑膽汁跟代表疾病的第六宮結合，讓這個潛在危險轉為急性病症。疾病如何發展，是根據氣質和第六宮綜合評估的結果。

　　在這種情況下，醫學占星所提出的預防性建議非常有參考價值。氣質狀態如此不平衡，第六宮的威脅又那麼嚴重，即便在個案年紀很小的時候，我們都能清楚看到未來發展成慢性病的危險性。如果按照本書第三部的描述，從青少年時期就開始採用對抗黃膽汁和黑膽汁的治療，這個病可能無從發展。驚人的是，個案第一次發病是在發育和青春期的黃膽汁階段，黃膽汁主導這個時期的生活：黃膽汁大量增加，最終擾亂身體內部的平衡。

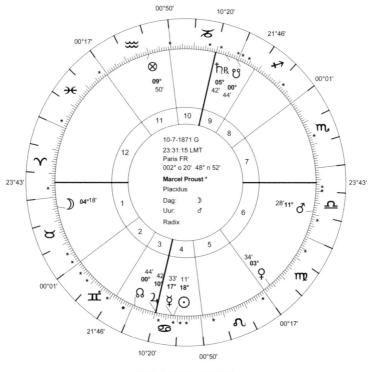

圖13│馬賽爾‧普魯斯特

哮喘的作家

另一張關於疾病和預防的有趣案例來自法國的作家馬賽爾‧普魯斯特（Marcel Proust）（圖13）。我們從他半自傳的著作中認識到，普魯斯特在過度保護的環境中長大，

有著豐富的想像力和敏銳的觀察力。他經常生病，自小就患有嚴重的肺部疾病，哮喘困擾了他一輩子。他的本命盤清楚顯示問題的來源，以及能預防這個問題的方法。第一步依然是先評估氣質。

太陽位在夏季星座巨蟹座，熱和乾（HD）、黃膽汁。
月亮位在下弦月跟新月之間，冷和濕（CM）、黏液質。
上升位在火象星座牡羊座，熱和乾（HD）、黃膽汁。
一宮主星火星在太陽之後升起，西入，熱和乾（HD）、黃膽汁。
勝利星是東出木星，熱和濕（HM）、血液質。（贊騰的方法一樣是熱濕。）

　　這個案例依然是黃膽汁的問題，但狀態不像上一個案例那樣不平衡，透過相位和所在星座的位置，可以進一步精確評估氣質。這些微小區別不會改變體液的本質，但是可以調和或強調特定面向，有時能幫助確認哪一種體液在主導。容許度應設定為小度數，最多四或五度。
　　太陽沒那麼熱和乾，由於位在冷和濕的巨蟹座，所

以不是HD、而是H-D-。此外，太陽與冷和乾的水星合相，帶來更多的黑膽汁，所以H-D-變成H- -D。再沒有其它的緊密相位，所太陽的熱對氣質的影響不大，但仍然是乾的。

月亮是CM，位在冷和乾的金牛座，所以變得更冷但少濕：C+M-。與金星三分相帶來更多的濕和冷：C++M；因為也跟土星形成三分相，於是更冷和乾：C+++M-。因此，月亮非常冷，但是不那麼濕。

上升星座是熱和乾，上升點與冷和濕的金星互為映點關係，所以是H-D-。

一宮主星是熱和乾，位在熱和濕的星座，使它更熱但是少乾：H+D-；與熱和濕的木星形成四分相，所以增加了一些熱和濕：H++D- -。

勝利星木星是熱和濕，位在冷和濕的星座，所以是H-M+；與熱和乾的火星形成四分相，即HM。

這些微小區別顯示，當月亮的冷很強時，乾會變得比較少。總而言之，因為是溫和的乾，所以熱和乾的氣質相對平衡。從心理層面來看，普魯斯特是積極好鬥的黃膽汁性格，並伴有一些柔軟的特質：感性的黏液質月亮，以及

喜好社交、快樂有活力的木星。血液質的木星位在四宮始點，顯示在家庭環境中更能展現血液質樂觀的本性。

從醫學角度來看，他的氣質是不平衡的，如果其它的相關代表因子也證實這個傾向，就有患病的風險。我們必須看第六宮和它的主管行星：接近第六宮始點的金星。這顆冷和濕的行星入弱在冷和乾的處女座，頗具傷害性。金星與上升點形成映點關係（巨蟹座／摩羯座軸上行星相映的位置），疾病的代表因子直接影響身體。六宮主星水星位在代表肺部、冷和濕的巨蟹座，以及同樣代表肺部的第四宮裡。在相同代表的星座和宮位裡，還有另外兩個巨蟹座的行星，將更多的黏液質帶進肺部。

四宮主星月亮跟位在六宮險惡的金星形成緊密相位，金星位在六宮，肺部與寒性徵狀關聯。代表身體的一宮主星入陷在第六宮，此外，巨蟹座的行星容納這個入弱無力的一宮主星，對身體造成更多傷害。造成嚴重疾病的徵象相當多，而在第四宮的疾病點會合六宮主星，更是為疾病定下基調。

分析這張星盤時，我們發現問題出在肺部有太多的黏液質。預防的方法是在這些有代表性的徵象被行運啟動

時，直接減少黏液質。雖然徵象被行運啟動時的主導氣質是黃膽汁，但他的病情卻環繞著過多的黏液質打轉。黃膽汁過多的人對黏液質病症格外敏感，聽起來或許很奇怪，但無論如何，基本的預防方法必須為過度熱和乾的氣質創造更平衡的狀態。另一個極佳的預防方法是佩戴魚眼石，它有冷卻的作用，又可以防止過多的黏液質。

——後記：何謂古典占星學？——

這是一本關於古典占星學的書籍，或許有些讀者會問：「什麼是古典占星學？」占星學在西方已存在超過二十個世紀，上一個全盛時期主要是在十七世紀的英國。之後，科學和「啟蒙運動」拋開了傳統的世界觀，直到十九世紀晚期，占星學才又重返歷史舞台，主要出現在一群英國神智學者的著作當中，包括艾倫‧利奧（Alan Leo）。

雖然這些神智學者某種程度算是了解古典占星著作，但他們根據自己的喜好和偏見幾乎改寫了所有內容，他們的創見並不是傳統古老的占星學。激進的神智學者重構發展出所謂的現代占星學，到了二十世紀又加入許多新時代

和心理學的概念。古典占星學的基礎在占星學重構以前就已經存在，而且只沿用源於十七世紀或稍早的文獻和實務操作。

由此立即點出，古典占星學可能發展成學者競相引用枯燥的希臘和阿拉伯文獻，空有學術理論的危機。真正的傳統必須能被實際應用，古老文獻描述的古典方法確實是個起點，但它們必須被嚴格評估，並且在實務操作中一再檢驗，必要時也需要進行調整，以便充分地發揮作用。古典占星學者跟我們一樣都是凡人，並不是寫下「絕對真理」的神或先知。古典文獻確實為我們提供堅實的基礎，但實務經驗和邏輯推演對於古典占星學也有必要，這點無法避免，因為古老文獻並不完整，許多方面都存在矛盾。然而這些方法帶來明顯的益處是：你可以藉由這本書檢視自己的身體狀況。

——附錄——
A
影響視力的恆星

　　相當多的恆星帶有視力受損的意涵，尤其是恆星的星雲，因為星雲有朦朧模糊的意思。分析星盤時，可以採用字面或隱喻的方式詮釋受損的視力，在多數情況下，隱喻的意義最有相關性。在醫學的範疇裡，字面上的意義經常有一定的作用，特別是有關眼部手術的問題。我們必須仔細確認這類問題，或注意擇時盤中是否出現跟視力相關的恆星。多數恆星使用的容許度只有緊密的一度，不過一級恆星或在第一部提到的比較有影響力的恆星，容許度可以放大到二至三度。以下列表是與視力受損相關的恆星位置：

宿命點（星雲）	牡羊座27度
天船二（星團）	金牛座24度
昴宿六／昴宿星團（星團）	金牛座29度／雙子座0度
畢宿星團（星團）	雙子座6度
獵戶之劍（星雲）	雙子座23度
鬼宿星團（積屍氣）（星團）	獅子座7度
獵犬座渦狀星雲（星雲）	處女座25度
海山二（星雲）	天秤座22度
天蠍座疏散星團（星團）	射手座25度
托勒密星團（星團）	射手座28度
礁湖星雲（星雲）	摩羯座0度
人馬座球形星團（星團）	摩羯座8度
建二（星團）	摩羯座14度

　　恆星並非固定不動，它們以非常緩慢地速度移動，每72年約移行一度，所以我們必須按實際時間修正恆星的位置。以上恆星位置的時間，是撰寫本書的2007年。導致視力受損的恆星，都是星雲或星團，群星聚積在天空的塵霧之中，即使不用雙筒望遠鏡，我們也可以清楚看到昴宿星團。星團的朦朧特性，是視力減退的原因。

　　昴宿六對視力是殺傷力最大的恆星，即便問題跟眼部疾病毫無關聯，在解讀星盤時依然有強大的影響力。至於其它行星，只有當個案的問題明顯關於視力、有字面或隱喻的視覺意義時，才需要列入考慮並加以詮釋。

——附錄——
B
體質判斷

　　使用本書第十二章的方法評估氣質，表現於外的除了行為，還有外觀和體型。多種體液質混合的類型，跟極度失衡的類型一樣難以發現。上升星座對於外表的影響，比氣質的因素更強一點，通常可以從臉部察看某些上升星座的典型樣貌。有了相當的經驗之後，就可以迅速辨識出內在的主要體液和行為。

　　這個部分相當實用，因為這是接近一個人的最佳方法。對於黏液質的人來說，過於直接是很不睿智的方法，除非你希望他保持沉默。一個皮膚乾燥、眼睛炯炯有神，而且放聲談笑的人，可以想像他有著犀利的言論，因此你不會希望他太注意你，除非你故意挑釁。

　　一般原則有助於發現主導的體液。從簡單的問題開始：身高多高？ 體重多重？身高由熱或冷表示，熱的體質

會矮一點，冷的體質會高一點。此外，體內的乾濕變化會影響體重。脂肪跟黏液質相關，身體的脂肪過多，就是黏液質擴張到越過乾濕平衡的界線。這就是為什麼有些人可以隨意吃任何東西，體重卻不會加重，有些人則需要小心注意他們的飲食。這兩個簡單的水平和垂直度量，可以輕易解釋氣質的組成構造。當然，我們必須考慮到年長者的身體比年輕人更乾燥。

黑膽汁過多（占星學界的主導體液）的人相當容易辨識。他們通常很苗條，有時甚至瘦到皮包骨。身高往往很高、寡言，可能是冷面笑匠。家庭背景也是重要的考量因素。家庭成員身材嬌小的乾冷型人，不如家庭成員身材高大的黑膽汁人個子高。此外，跟上升點有緊密相位的行星，對外形的影響也很大，這時常使人感到困惑。

【黃膽汁】：乾燥紅潤的皮膚、聲音宏亮、愛笑、目光銳利、手大、個子不高、不瘦不胖、肌肉強壯、喜歡運動、個性好鬥、像貓科動物一樣動作敏捷。

【黏液質】：濕潤蒼白的皮膚、握手無力、肌肉不結實、個

子不高但體型大（但有時也可能是小個子）、身體沒有曲線、聲音柔和、水汪汪的友善雙眼、手小、易受驚嚇、個性溫和、期待有情感上的連結、可愛、看起來比實際年輕。

【血液質】：皮膚濕潤但不蒼白、古靈精怪的眼睛、手小、友善、熱情、身形有肉但不鬆弛、個子不高、個性活躍、喜歡社交、健談。

【黑膽汁】：皮膚乾燥但不紅潤（甚至蒼白）、苗條或瘦、通常是高個子（但也常有例外）、寡言、巨型「竹竿」、深色頭髮、手較長且手指纖細、悲傷的眼睛、話不多、個性機警、冷面笑匠。

　　當然，每種類型都有體重增加的可能，就連脂肪出現的部位也呈現出不同類型的特徵。黏液質的人由於代謝緩慢，體重最容易增加。氣質描述了個體形成的基本構成物質，所以總的來說，氣質與整個身體有關。

——附錄——

C

食物能量分類

　　每一個文化傳統都有關於食物能量的討論,有些食物的能量難以辨別,因為不是每種食物都具有鮮明的能量表現,能量中性的食物就不容易歸類。以下列表可供實際應用時參考。

　　請牢記,食物能量會受到食材處理方法,以及烹煮過程使用的香料和用油影響。總的來說,未經烹煮的生食比較冷,胡椒和其他辛辣香料會明顯讓食物變熱。分類方法是先將食物分為熱/冷,再進一步依乾/濕劃分。

熱與乾

　　小綿羊肉、鹹魚、燕麥、櫻桃、葡萄柚、黑莓、乾棗、番茄、洋蔥、胡蘿蔔、韭蔥、芹菜蘿蔔、蘆筍、蘿蔔、根芹菜、白蘿蔔、朝鮮薊、莖藍、酪梨、醃漬小黃

瓜、泡菜、茄子、堅果、葵花籽油、芝麻油、蜂蜜、成熟
乾起司、紅葡萄酒、胡椒、辣椒、辣椒粉、烈酒、啤酒（高
酒精濃度）、紅茶、咖啡、酸性礦泉水（低 Ph 值）、精製
糖、鹽、芥末、肉桂 、薑、大蒜、西芹、蒔蘿、百里香、
鼠尾草、蝦夷蔥、酸味水果、蔓越莓、藜麥、莧菜、蕎
麥、玉米、短粒米。

辣味和酸味是熱與乾。

熱與濕

禽肉、野味、綿羊肉、羔羊肉、紅肉、鱒魚、貝類、
魚類、葡萄、新鮮無花果、漬葡萄乾、小麥製品、橄欖
油、橄欖、香蕉、杏桃、覆盆子、紅甜菜、蕪菁、甜豌
豆、奶油、蛋、鮮奶油、新鮮的起司、白葡萄酒、甜杏仁。

鹹味是熱與些許濕。

冷與濕

豬肉、小牛肉、古斯米、米、石榴、草莓、李子、桃
子、芒果、椰子、四季豆、豌豆、菠菜、南瓜、櫛瓜、黃
瓜、沙拉、豆製品、海藻、印度香米、長粒米、蘑菇、牛

奶、軟濕的新鮮起司、淡優酪乳、鄉村起司、凝乳、蘋果
酒、淡啤酒、綠茶、非酸性礦泉水（高Ph值）、豆製品、
粗糖、椰子油、亞麻仁油。

　　甜味是冷與濕。

冷與乾

　　大麥、小米、穀麥、果乾、乾式牛肉、木梨、歐楂、
蔓越莓、蘋果、梨、花椰菜、抱子甘藍、菊苣、小白菜、
馬鈴薯、馬齒莧、紅甜椒粉、苦苣、適量的芹菜、莙蓬
菜、黑豆和白腰豆。

　　苦味是冷與乾。

——結語——

　　我已經說完我想說的話，現在我保持緘默。在此以著名的先行者尼可拉斯・庫爾佩珀（Nicholas Culpeper）的著作《從疾運盤論斷疾病》（*Astrological Judgement of Disease from the Decumbiture of The Sick*）第一頁的文字作為本書的結語：

　　「致每一個人，特別是聽過這些演說的你們，我將精心設計的演講內容在此呈現，不只是為了讓你們看到我而已（當時我已附上讓人會心一笑的個人肖像）。人之所以為人，不只是為了專注思考，也應當有實際作為；思考只會讓自己快樂，但實際作為讓他人受益。希望不用我來提醒你們，人不是單獨為自己而生。」

占星專用術語表

偶然尊貴（Accidental dignity）：行星在天宮圖所展現的力量。

受剋（Affliction）：行星或敏感點受到傷害，導致效能減損。

映點（Antiscion）：以摩羯座／巨蟹座軸線為基準的投射位置。

相位（Aspect）：連接兩個行星之間的角度距離（例如90度或180度）。

阿育吠陀傳統醫學（Ayurveda）：印度傳統醫學。

吉星（Benefic）：有正面的自然徵象或在必然尊貴位置的行星。

黑膽汁（Black choler）：土元素，冷和乾。

血液質（Blood）：風元素，濕和熱。

核心內（Cazimi）：行星與太陽中心距離為十七分三十秒，有力之象。

焦傷（Combust）：行星與太陽距離在八度三十分之內，衰弱之象。

光線集中（Collection of light）：第三個行星與另外兩個行星形成相位，連結起兩者。

宮始點（Cusp）：象限宮位的始點。

無力（Debility）：反尊貴、虛弱。

外觀（Decanateo, face）：將星座分隔，十度為一個外觀。

疾運盤（Decumbiture）：用因病倒下的時間起算的星盤。

陷（Detriment）：必然無力，有傷害性。

定位星（Dispositor）：行星所在星座的主管行星。

生命能量（Dosha）：阿育吠陀傳統醫學的體液說。

擇時占星（Electional astrology）：選擇合適的時間星盤開啟某事。

必然尊貴（Essential dignity）：行星所在黃道度數的能力程度。

旺（Exaltation）：有力的必然尊貴。

弱（Fall）：嚴重的必然無力。

卜卦占星（Horary astrology）：回答問題的占星學支派。

宮主星（House ruler）：宮位所在星座的主管行星。

體液（Humor）：身體的四元素體液。

喜樂（Joy）：行星座落宮位的偶然尊貴。

月相（Lunation）：滿月或新月。

凶星（Malefic）：有負面的自然徵象或在必然無力位置的行星。

世運占星（Mundane astrology）：判斷國際事務與政治的占星學。

互容（Mutual reception）：兩個行星互在對方的必然尊貴位置。

本命占星（Natal astrology）：以出生時間判斷星盤。

容許度（Orb）：行星產生影響的度數範圍。

特殊點（Parts）：常稱為阿拉伯點。

等分相位（Partile）：行星在各自星座以相同度數形成的相位。

外來的（Peregrine）：沒有必然尊貴力量，也沒有必然無力。[註1]

黏液質（Phlegm）：水元素，冷和濕。

瀉下（Purging）：把對身體有害的體液排出。

註1——中文版加註：古典占星的定義中，無尊貴力量的行星就是外來的，外來的行星也會有必然無力，也就是反尊貴的現象。

容納（Reception）：一行星藉由落在另一行星的必然尊貴位置上，對後者所造成的影響。

逆行（Retrogradation）：行星逆向運行，偶然無力。

星座主星（Sign ruler）：星座的主管行星。

太陽回歸盤（Solar return chart）：以每年太陽回到本命位置來預測流年的星盤。

停滯（Stationary）：行星準備轉換方向的階段，行星力量虛弱。

界（Term）：擁有較弱的必然尊貴力量，主管程度較低。

界主星（Term ruler）：主管界的行星。

三分性（Triplicity）：相同元素的星座。

三分性主星（Triplicity ruler）：按元素分類，分別有日間和夜間的主星。

尤那尼傳統醫學（Unani）：南亞的傳統體液醫學。

太陽光束下（Under the Sun's beams）：行星與太陽距離為八度三十分到十七度三十分，行星力量減弱。

吠陀占星學（Vedic astrology）：印度傳統占星。

燃燒途徑（Via combusta）：月亮位在「燃燒的道路上」，是虛弱的位置（天秤座十五度到天蠍座十五度）。

黃膽汁（Yellow choler）：火元素，熱和乾。

參考書目

◎ Avicenna, *The Canon of Medicine*, KAZI Publications, Chicago, USA, 1999.

◎ Hildegard von Bingen, *Das Buch von den Steinen*, originally 12th century, Otto Müller Verlag, Salzburg, Austria, 1997.

◎ Al Biruni, *Elements of the Art of Astrology*, originally 1029, facsimile edition, Ascella, London, England, 2001.

◎ Joseph Blagrave, *Astrological Practise of Physic*, originally 1671, facsimile edition, Ascella, London, England, 2001.

◎ Hakim G.M. Chisti, *The Traditional Healer's Handbook*, Healing Arts Press, Rochester, Vermont, USA, 1988.

◎ Nicholas Culpeper, *Complete Herbal*, originally 1653, Foulsham & Co. Ltd, Berks, England.

◎ —— *Astrological Judgement of Diseases from the Decumbiture of the Sick*, originally 1655, facsimile edition, Ascella, London, England, 2001.

◎ Firmicus Maternus, *Matheseos Libri 8*, originally fourth century, Ascella, London, England, 1995.

◎ John Frawley, *The Real Astrology*, Apprentice Books, London, England, 2000.

◎ —— *The Real Astrology Applied*, Apprentice Books, London, England, 2002.

◎ —— *The Horary Textbook*, Apprentice Books, London, England, 2005.

◎Friedemann Garvelmann, *Pflanzenheilkunde in der Humoralpathologie*, Pflaum Verlag, München, Germany, 2000.

◎ Michael Gienger, *Steinheilkunde*, Neue Erde, Saarbrücken, Germany, 1995.

◎Michael Gienger, *Lexikon der Heilsteine*, Neue Erde, Saarbrücken, Germany, 1996.

◎Peter Hochmeier, *Der Weg des Sonnenfukens*, Bacopa Verlag, Schiedlberg, Austria, 1996.

◎Abraham Ibn Ezra, *The Beginning of Wisdom,* originally 12th century, facsimile John Hopkins Press/Oxford University Press 1939, Ascella, London, England.

◎Harish Johari, *The Healing Power of Gemstones in Tantra, Ayurveda and Astrology*, Destiny Books, Rochester, Vermont, USA, 1988.

◎William Lilly, *Christian Astrology Books 1, 2 & 3*, originally 1647, Ascella, London, England, 2001.

◎Richard Saunders, *The Astrological Judgement and Practise of Physick*, originally 1677, Ascella, London, England, 2001.

◎ Djalaloed-dien Abdoer-Rahman As-Soejoethi, *De Geneeskunde van de Profeet (Medicine of the Prophet)*, originally 15th century, Noer, Delft, The Netherlands, 2004.

◎Wighard Strehlow, *Die Psychotherapie der Hildegard von Bingen*, Heilen mit der Kraft der Seele, Lüchow Verlag, Stuttgart, Germany, 2004.

◎Wighard Strehlow, *Die Edelsteinheilkunde der Hildegard von Bingen*, Lüchow Verlag, Stuttgart, Germany, 2004.

◎Graem Tobyn, *Culpeper's Medicine*, Element Books, Shaftesbury, England, 1997.

國家圖書館出版品預行編目 (CIP) 資料

古典醫學占星：元素的療癒 / 奧斯卡．霍
夫曼 (Oscar Hofman) 著；李小祺譯 . --
初版 . -- 臺南市：星空凝視古典占星學
院文化事業, 2018.09
面；　公分
譯 自：Classical medical astrology :
healing with the elements
ISBN 978-986-94923-1-7(平裝)

1. 占星術

292.22　　　　107014489

古典醫學占星：元素的療癒
Classical Medical Astrology: Healing With The Elements

作　　者│奧斯卡・霍夫曼 (Oscar Hofman)
翻　　譯│李小祺
審　　譯│韓琦瑩、陳紅穎、郜捷、賴彩燕
責任編輯│李明芝

版　　權│郜　捷
行銷企劃│李少思
總 編 輯│韓琦瑩
發 行 人│韓琦瑩
出　　版│星空凝視文化事業股份有限公司
發　　行│星空凝視文化事業股份有限公司
銀行帳號│【台灣】玉山銀行 (808) 成功分行
　　　　　收款帳號：0510-940-159890
　　　　　收款戶名：星空凝視文化事業股份有限公司
　　　　　【大陸】招商銀行上海常德支行
　　　　　收款帳號：6232620213633227
　　　　　收款戶名：魚上文化傳播 (上海) 有限公司
官　　網│https://sata-astrology.com
地　　址│11049 台北市信義區莊敬路 186 號
服務信箱│skygaze.sata@gmail.com

美術設計│敘事 narrative.tw
印　　刷│佳信印刷有限公司
總 經 銷│星空凝視文化事業股份有限公司

初版二刷│2018 年 11 月
二版二刷│2022 年 10 月
定　　價│400 元

ISBN 978-986-94923-1-7

SATA
INSTAGRAM

SATA 小紅書

SATA 微信
公眾號

SATA 臉書
粉絲專頁

SATA 微博
生命探索團隊